農耕社会の成立

ーズ日本古代史①

川日出志
Hideshi Ishikawa

岩波新書
1271

はじめに――三つの道筋から日本列島をみる

大学の授業で弥生時代に関する講義を担当する場合、最初の時間に必ず、①「弥生時代」という言葉を聞いたとき思い浮かべる単語・フレーズは何か、②具体的な遺跡名を挙げよ、というアンケートをとる。受講生がこれまでにもっとも多かった二〇〇〇年度の結果では、まず①について上位から順に、「稲作」「弥生土器」「卑弥呼《ひみこ》」「争乱」「高床倉庫」「環濠《かんごう》集落」「邪馬《やま》台国《たいこく》」「銅鐸《どうたく》」「青銅器」「石庖丁」などの言葉があがった。「身分格差の発生」「日本史上の大きなターニングポイント」といった踏み込んだ回答もあった。相当分散してはいるものの、三・四年生が多かったこともあり、かなり的確な回答といえよう。読者のみなさんを対象としたとしても、ほぼ同じような言葉があがるのではないだろうか。

次に②の遺跡名では、「吉野ケ里《よしのがり》」(佐賀県)、「登呂《とろ》」(静岡県)、「大塚・歳勝土《さいかちど》」(神奈川県)、「板付《いたづけ》」(福岡県)、「唐古《からこ》」(奈良県)などが上位を占める。もちろん、青森県三内丸山《さんないまるやま》遺跡ほかの旧石器・縄文・古墳時代の遺跡を挙げた学生もいた。こちらの結果については、じつは、必ずしも一般的とはいえない。筆者の勤める大学は関東にあるためか、登呂や大塚・歳勝土など東日本にある遺跡の名前が上位に出ているが、ふつう、弥生時代といえば、迷わず西日本の遺跡をイメージする方が多いからである。

弥生時代に関するもっとも一般的な見方は、海の向こうからやってきた「渡来人」が、「縄文人」にとってかわって、西日本を中心に新たな文化を築いた、というものではないだろうか。しかし、この見方にはじつは大きな問題がある。第一に、弥生時代が縄文時代と切り離されてイメージされていることである。「渡来文化」という言い方もそうだが、先述のアンケートでもみられた「縄文人はどこへ」「日本人の起源」などのフレーズも、そうした見方に由来するものだろう。そして第二の問題は、圧倒的に西日本の情報によって弥生時代が思い描かれ、同時期の東日本の状況や、東西日本間の相互関係への眼差しが稀薄になることである。

こうした見方が定着してきた原因は、もちろん、専門家が長年発してきた言説の蓄積に他ならない。日本考古学の歩みを遡ると、戦前までは、縄文時代文化は先住民の文化であり、弥生時代文化の担い手こそが、現在のわれわれにつながる人びとであるとみられてきた。そしてその残影であろうか、現在の日本考古学では、先史時代（文字史料を欠く時代＝旧石器・縄文時代）と原史時代（断片的ながら文字史料がある時代＝弥生・古墳時代）の両時代をあわせて研究する人はいたって少なく、縄文時代研究者は弥生時代への理解が図式的で、弥生時代研究者は縄文時代に関心が薄いなど、両時代の研究に分断や齟齬《そご》がみられる傾向がある。同時に東西の軸においても、どうしても語りが西日本中心となり、東日本の考古学情報については網羅的には把握されない傾向がある。たしかに、弥生時代に大きな社会変化が生じたことはほぼ確実であるし、西日本でまとまって遺跡や遺物が発見されていることもまた事実である。しかし弥生時代は、ほんとうに縄文時代から切り離されたものなのだろうか。またそもそもの問題として、どこでも均質な文化内容をもつ、ひとつのまとまりある時代・文化としてイメージできるのだろうか。本書では、一般的な時代観に加えて、可能なかぎり通時代的・列島横断的な見方も紹介することを心がけ、新たな弥生時代像に接近してみたいと思う。

考古学には、宿命がある。資料の制約から、現在でもどうしてもわからないことは数多く、それに対して、「これが歴史的事実だ」と断言しうる事柄はかぎりなく少ないということである。そのため、偶然発見された資料からある仮説が立てられ、それが調査研究によって改められ、また関連する資料が見出され……ということを繰り返すのが学問の歴史となる。

例えば、「弥生時代文化のはじまり」という課題の場合、一九一〇年代から三〇年代までは大陸からの移住者によって弥生文化が形成されたという意見が大勢を占めたのが、一九三〇年代初めには、弥生文化の母胎は縄文文化にあり、これに大陸系の文化要素が加わって弥生文化が形成されたという見解が出された。この両見解は、戦後直後から現在に至るまで弥生文化形成を考える二つの視角として並立し、板付遺跡やいくつかの遺跡の調査成果によって学界の議論は揺れ動いてきた。当初、わずかな資料にもとづいて仮説が提示され、新たな調査成果によってそれが確かさを増したり、あるいは大きく逆転したりすることもある。また、そもそもこうした二つのうちのいずれの視角が的確かという二者択一ではなく、両者の中間域に事実がありそうだということもある。

弥生時代開始期の問題だけではない。戦後の日本考古学をみわたすと、どの時代・分野でも、一九五〇年前後、一九七〇年前後、一九八〇〜九〇年代に、それまでとは異なる質・量の資料が現われ、これにもとづいて議論が交わされ、そして二〇〇〇年前後から全面的な見直しを進めようという機運が出てくるという経過をたどっている。それを受けて本書では、現在の考え方だけでなく、議論の経過に触れるようにしている。考古学とはなんと考えが定まらないジャンルなのかと、読者が憤慨されることがあるかもしれないが、それは考古学の宿命なのだとはじめにお断りしておきたい。

しかしそうした宿命をもつからこそ、本書における、地域や時代に対する考え方の基本線を示しておかねばならないだろう。それはきわめて簡潔にすれば、図のように表現することができる(図0-1)。

（A）は「地域文化の形成」と題してあるが、ある地域の土器型式でも、住居構造でも、石器群でも、その地域で確認できる文化要素全体（これを地域文化とよんでおく）でもよい。それは、その地域の前代からの伝統と、同時代の周囲の諸地域から導入・採用された要素、それにそのどちらでもない独自の要素という、三つの要素からなる構成体である。それは（B）のようにそれぞれが、時間の経過とともに刻々と姿・内容も、その空間的ひろがりも変えながら、存続期間も長短ありながら推移する。こうした状況は、いつでも、どこでも起きており、（C）のようにある一時点での空間的なひろがりを見てみると、各地域どうしが、もちろん強弱はありながらも相互に関係をもっている。こうした「地域文化」の形成、推移、相互関係を観察しながら、

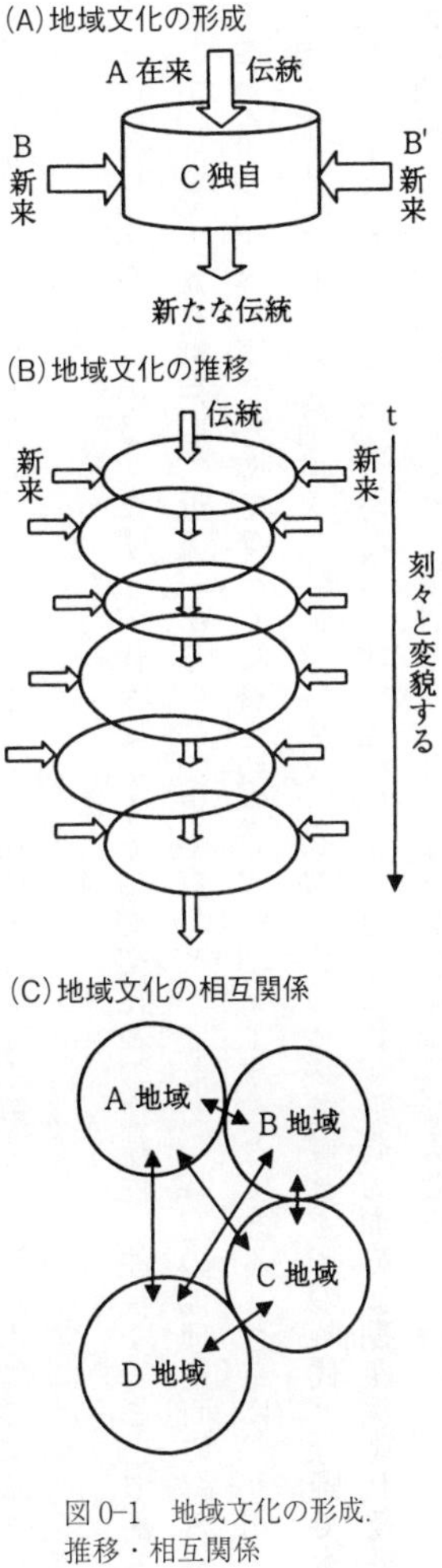

図 0-1　地域文化の形成．推移・相互関係

ある時代の、ここでは弥生時代の文化の推移や地域間関係を読み解く。それが本書の基本方針である。

その時に求められるのは、まず「前代」にあたる縄文文化との連続性に注視することである。そして、北部九州や瀬戸内、近畿、あるいは関東や東北といったある特定の地理空間に縛られることなく、すべて同じ基準でひろく資料を観察し、評価を下すことである。さらに、九州・四国・本州とこれらに付随する島嶼群を弥生文化のひろがりとみなすとすれば、その文化と相互関係をもつものとして、同時期の、北海道の続縄文時代文化、沖縄方面の後期貝塚時代文化、また朝鮮半島の文化も同じように検討しなければならないことになるだろう。

ここに示した考え方は、何も特殊なものではなく、戦前からあるひとつの見方を模式的に表現したものである。例えば山内清男《やまのうちすがお》は、土器型式、ひいては「弥生式」文化について、図の(A)の「地域文化」のようなものとみなしていた。ある地域、ある時期の土器型式は、その地域の前代からの伝統を継承するとともに、隣接地域の影響を受け、その結果独自の特徴をもつ土器型式として認識することができる。「弥生式」文化も、「縄紋式」の伝統を母体としながら、稲作や金属器など大陸からもたらされた新たな文化要素を加え、独自の文化要素も備えて、独立したひとつの時代文化を築いたものとみなす。そして、こうして時間を追って「縄紋式」以後の日本列島各地の展開をみていくと、九州・四国・本州三島における「弥生式」とは別に、北海道には「続縄紋式」の文化が、沖縄方面にはこれとは別の文化変遷があり、南・北両地域の独自の近現代文化につながるとまで、山内は言及していた（山内清男「日本遠古之文化」）。

本書は、基本的にはこうした考えに導かれ、周辺諸地域に眼を向けながら、九州・四国・本州三島一帯の弥生文化がそれぞれにもっていた特色と相関関係、また各地域が刻々と様子を変える状況を述べていく。それによって、今から約二〇〇〇年前後遡った頃の日本列島社会が織りなす綾を、読者のみなさんに思い描いていただければと思う。

目　次

手宮洞窟
栄浦第二
フゴッペ洞窟
旧豊平河畔
元江別 1
大川
K135
瀬棚南川
有珠モシリ
恵山
砂沢
垂柳
是川中居
寒川Ⅱ
荒谷
永福寺山
地蔵田 B
宇津ノ台
生石 2
富沢
新穂
山元
中在家南
高田 B
下老子笹川
古津八幡山
南赤坂
荒屋敷
加戸下屋敷
次場
吹上
根塚
天王山
榎田
柳沢
番匠地
松原
大塚
八日市地方
日高
一本松
乃木山
北島
大塚・歳勝土
御殿前
弥生町
荒尾南
石行
中屋敷
八王子
市原条里制
上ノ平
中里
神門
朝日
小篠原
高部
登呂
常代
打越
中野桜野
東大寺山
折本西原
纒向
大福
唐古鍵
具志原
中川原
大当原
木綿原
宇堅
古座間味
嘉門

弥生時代および同時代の主な遺跡

第一章　発掘された縄文文化

1 「日本列島の歴史」のはじまり

旧石器時代への扉

戦後間もない頃、赤城山《あかぎ》の麓の村々を自転車でまわりながら、納豆などを売り歩くひとりの青年がいた。日本列島の人類史を、数万年前にまで引き上げる扉を押し開くことになる彼、相沢忠洋は、戦時中浅草で働いていた時に、土器や石器を手がかりに歴史を語る考古学に興味をもつようになった。復員後、群馬県の桐生《きりゅう》に移り住み、行商のかたわら、地図を片手に遺跡を探し歩いていた。そして一九四九(昭和二四)年七月、笠懸村《かさかけ》(現みどり市)岩宿《いわじゅく》の切通しで、木の葉形に黒く光る石片に出会う。のちに、後期旧石器時代でも後半の槍先形尖頭器《やりさきがたせんとうき》とよばれるようになる見事な石器である。

それからわずか二カ月のちの九月一一日、相沢青年と、若き考古学者、芹沢長介・杉原荘介らが、岩宿の切通しに並んでスコップを赤土の崖に振り下ろし、石器がまぎれもなく赤土中から出土することを確かめる。さらに、一〇月と翌年四月に本調査を行ない、この岩宿遺跡で次の諸点を明らかにした。

①当時、縄文時代最古と認定されていた土器型式(稲荷台式《いなりだい》土器)を出土する黒色土層よりも

下位に堆積する赤土層(関東ローム層)のなかから出土する。つまり、層位的に縄文文化に先行する時代の石器群である(図1−1)。

②その石器群にはまったく土器を伴わない。つまり、土器出現以前の時代の石器群である。

③その石器群は、少なくとも上・下二層から出土し、下層の石器群(岩宿I石器文化)は頁岩《けつがん》を用い、縦長の剥片《はくへん》と刃部磨製《じんぶませい》の大型石器群であるのに、上層(岩宿II石器文化)はチャート(石英質の堆積岩。珪岩《けいがん》)製で先端の尖った小型の石器群という違いがある。上・下層で、使用石材も、石器に加工する前の石片(剥片)も、石器自体の特徴も、著しく異なる。そして、相沢が採集した木の葉形尖頭器のような黒曜石《こくようせき》製の石器は発掘ではまったく確認できなかったので、これをもうひとつ別の石器群と考えると、縄文時代に先行する時代の石器群には三段階の変遷があり、全体として相当長期におよぶと考えられる。

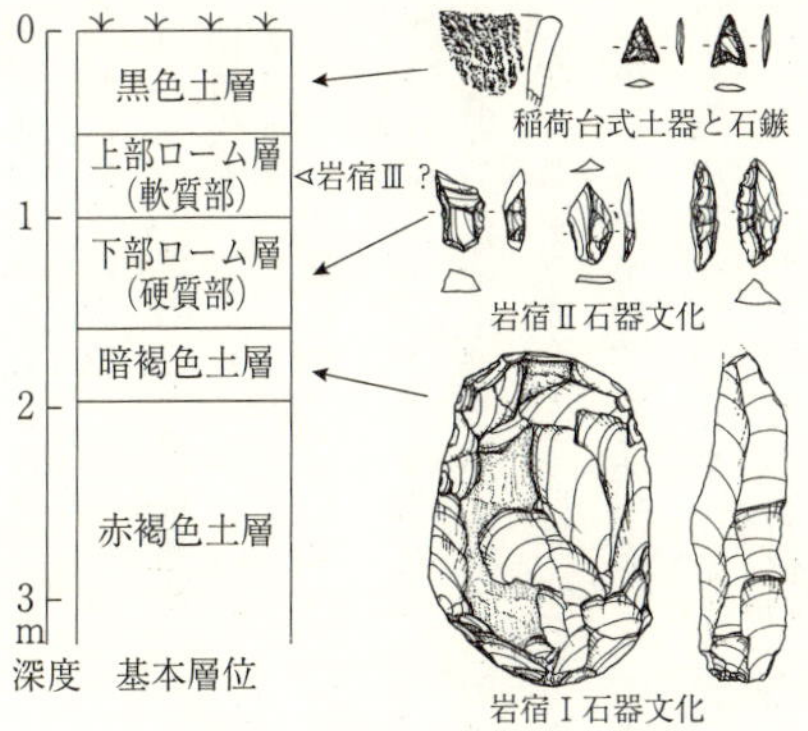

図1-1　岩宿遺跡の基本層位と石器群

④それまでは、赤土は火山灰が降り積もってできた土層であるから、その時代の日本列島はとうてい人類が生活できるような環境ではなく、縄文時代以前の人

類文化は日本列島には存在しない、と考えられていた。その常識が覆された（戸沢充則「群馬県岩宿遺跡」）。

何時代とみるか？

このとき岩宿遺跡でみつかった石器群は、現在ではだれもが旧石器時代に相当すると認める。しかし、日本の考古学界でひろく承認されるまでには約二〇年の歳月を要した。なぜならそれは、岩宿遺跡が代表する縄文時代以前の文化、すなわち日本列島における人類史のはじまりを、ヨーロッパの旧石器時代（＝絶滅動物と共存する、打製石器を用い磨製石器や土器を用いない）と同時代とみるのか、新石器時代（＝磨製石器・土器が普及）とみるのか、という大変大きな問題をはらんでいたからである。

新しい発見が学界に承認されるまでにかなりの年月を要することは、一世紀前のヨーロッパにも例がある（角田文衛『沈黙の世界史5　石と森の文化　ヨーロッパ』）。例えば、一八三八年にフランスのソンム川渓谷の洪積層《こうせきそう》で、多数のフリント（ヨーロッパなどの白亜層中に産出する石英質岩石）製石器と絶滅種のゾウ・サイの骨が発見され、ノアの大洪水以前に人類が絶滅動物と共存した時代があると主張された。しかしパリの学士院は、特別審査委員会を設けたものの、全員一致で却下する。二〇年後、イギリスの地質学者や考古学者の再調査を経てようやく承認された。ドイツでも、一八五六年にネアンデルタール渓谷の洞窟で発見された人骨について、翌年その頭蓋に現生人類と異なる原始的特徴があると主張されたが、イギリスとフランスでは承認されたのに、地元のドイツでは承認されなかった。

岩宿遺跡の発見と調査以前にも、日本にも旧石器時代の人類文化が存在することを証明しようという、いくつかの試みはあった。スコットランド出身で、横浜で医師をしながら考古学研究を進めたN・G・マンローは、一九〇八(明治四一)年に、小田原近郊でみつけた旧石器の可能性がある資料を紹介した。一九一七(大正六)年には、旧石器に似る粗大石器が採集された大阪府の国府《こう》遺跡を、京都大学の浜田耕作が発掘したが、その時は縄文時代以後の土層の調査にとどまった。大山巌《いわお》元帥の次男・大山柏《かしわ》は、ヨーロッパで旧石器時代研究を学び、帰国後、その成果を紹介した。一九三八(昭和一三)年には、八幡《やわた》一郎が、縄文初期の石器が新石器時代以前の中石器時代の石器に類似すると指摘している。

しかし、どの資料も加工の痕跡が明確でないか、だれもが人間によってつくられた物と認める資料でも出土層位が不明という弱点をもっていた。一九三一(昭和六)年には直良《なおら》信夫が、兵庫県明石市の西八木海岸でヒトの左寛骨(腰骨の一部)を発見し、のち長谷部言人《ことんど》が「明石原人」と命名したが、これもまた資料評価が定まらぬ間に空襲で焼失し、唯一のこされた石膏型にもとづく提唱にとどまることになった。むしろ、一九三〇年代後半に、旧制中学生であった白崎高保らが、東京都板橋区稲荷台遺跡などで、縄文時代最古の土器(稲荷台式土器)が関東ローム層に食い込んで出土すると確認したことが、戦後の岩宿遺跡の調査につながる確かな成果とな

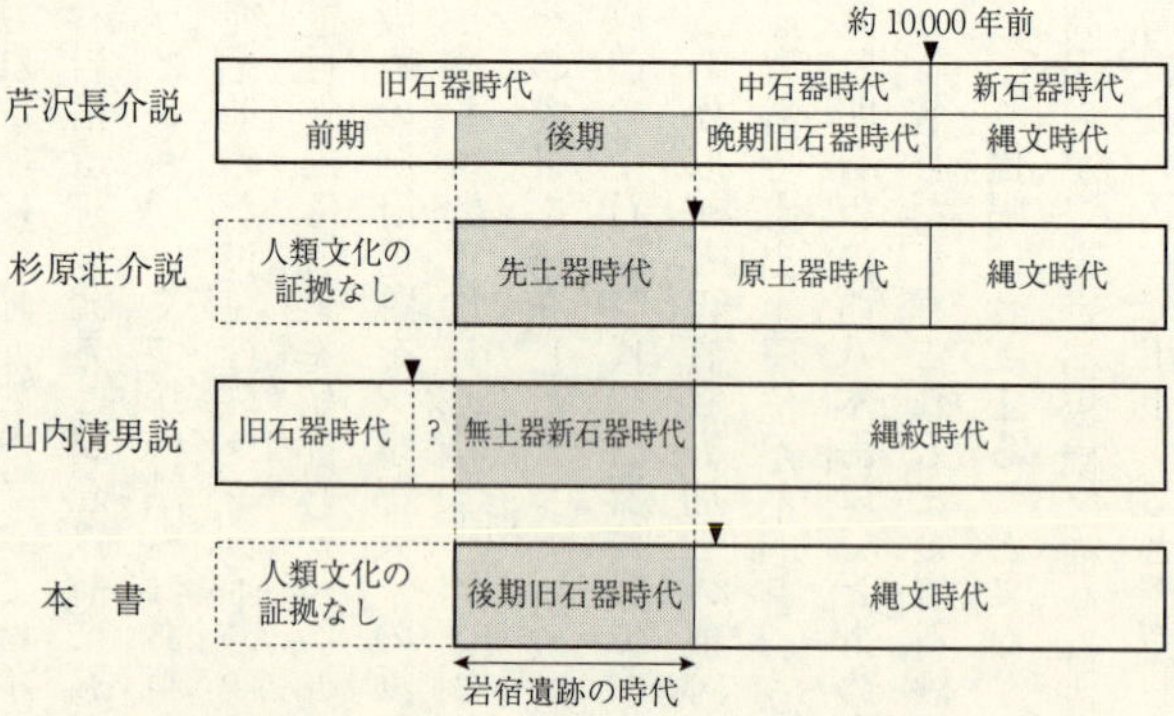

図 1-2　岩宿遺跡の時代をめぐる諸説(芹沢説の上段がヨーロッパの時代区分に相当する．網がけ部分が岩宿遺跡の時代，▼印が各説における約 10,000 年前の時点)

ったといえる。

岩宿遺跡の調査後、全国で縄文時代以前の石器群の探索が行なわれ、それから一六年後の一九六五年には全国で三五九遺跡も確認されている(現在は一万カ所にもおよぶ)。しかし、同時にこれらの石器群をどう評価するかは意見が分かれ、先縄文時代・先土器時代・旧石器時代・無土器新石器時代・岩宿時代など、いくつもの時代名称が並び立つことになった。岩宿遺跡の調査にあたった杉原と芹沢はともにヨーロッパの旧石器時代に相当すると認めたが、杉原はヨーロッパの時代名称をそのまま日本列島に適用することは慎重でありたいとして「先土器時代」の語を用いた(芹沢長介『日本の旧石器』、杉原荘介『日本先土器時代の研究』)。

これに対して、戦前から縄文時代研究を牽引してきた山内清男は、磨製石器が伴う例があることなどを根拠に、これらは新石器時代のいまだ土器を伴わない段階であると主張して(山内清男・佐藤達夫「縄紋土器の古さ」)、杉原や芹沢らと激しい論争となった(図1-2)。

両者の意見対立は、一九六〇年代に放射性炭素年代測定法が縄文時代研究に導入されたことも背景となっている。杉原と芹沢が行なった神奈川県横須賀市夏島《なつしま》貝塚の調査で、縄文時代早期初めの夏島式土器に伴った木炭とカキの測定によって、今から九〇〇〇年あまり遡るという年代値が一九五九年に発表されたのである。杉原と芹沢はこれによって縄文時代の開始年代を考えるのに対して、山内は、放射性炭素年代測定法は信ずるに足りず、縄文時代のはじまりは、シベリアの新石器時代の編年を参考にすると今から約五〇〇〇年前であると反論した。これは縄文時代長期編年・短期編年論争とよばれるが、縄文時代の評価だけでなく、岩宿遺跡など縄文時代以前の石器文化、すなわち日本列島における人類史のはじまりをヨーロッパの旧石器時代と同時代とみるのか、それとも新石器時代とみるのか、という違いでもあった。

この論争は、夏島貝塚の土器が、土器としては世界的にみても突出して古い年代値を示したことに原因するが、その後、夏島貝塚より一段階古い一群の土器型式が知られるようになって、縄文時代のはじまりはさらに遡り、縄文時代草創期が設定され、一万数千年前という年代値が得られている。そして、シベリアのアムール川流域でも一万年を越える年代測定値の土器も報告されるようになり、ようやくこの論争は全面的に終結した。

杉原のように、一九四九・五〇年に調査された岩宿遺跡と同時代の石器群を先土器時代とよぶ方式は八〇年代まで存続した。しかし、現在は、岩宿時代と呼称する考古学者もいるが、後期旧石器時代と評価するのが一般的である。

図1-3　埼玉県砂川遺跡の石器接合資料

新しい調査・研究法の登場

岩宿遺跡などの石器は後期旧石器時代相当の石器群である、という意見が支配的になった一九六〇年代の終わり頃、調査・研究はあらたな方向へと向かう。ひとつは、当時各地で増えてきた大規模開発に伴う大がかりな発掘調査によって、遺跡の平面的なひろがりや石器群出土層(文化層という)が何層も重なる状況がつかめるようになったことである。後期旧石器時代にあたる立川ローム層が武蔵野《むさしの》台地では約二・五メートル、相模野《さがみの》台地では七メートルにもおよぶことが幸いして、野川《のがわ》流域遺跡群のなかの、東京都調布《ちょうふ》市と三《み》鷹《たか》市にまたがる野川遺跡では一〇層、小金井《こがねい》市西之台遺跡B地点では一三層など、一遺跡で多くの文化層が重複する調査例が現われた。これによって、それまでのあたかも標準化石によって地質年代を知るように、特徴的な石器の型式によって石器群の年代を決めていく方法から、特徴的な石器のみに注目するのではなく、出土した石器群全体を群としてとらえて、そのなかでの石器の組合せや製作技術の推移を追跡するようになった。

もうひとつ、埼玉県砂川《すながわ》遺跡の調査では、遺跡から出土した石器群を詳しく観察すると、石器(道具の部品)や剝片(加工前の石片)の表面どうしが互いにぴたりと接合したり、接合しないまでもひとつの石塊から打ち剝がされたことが確かな石器や剝片を識別することができるようになった(図1－3)。これによって、石器の素材となる石塊を携え、そこから槍先用の石器などをつくりながら移動する狩猟民の行動を復原する手立てが得られた。さらに、神奈川県月見野《つきみの》遺跡群では、ひとつの河川流域にたくさんの旧石器時代遺跡が点在する様子がわかり、そこから旧石器の狩人たちの移動生活を探究する道も開けてきた。

ヨーロッパをはじめ世界各地の旧石器時代の遺跡では、当時狩猟対象となった動物の遺体がのこるので狩猟の実態を探究しやすい。一方、火山が多い日本列島は酸性土壌であるために動物遺体がのこることはほとんどないという制約がある。そうしたなかで、石器そのものから、それを使った人びとの行動や生活を復原する手がかりを獲得できたことは、研究上、大きな財産となった。

前・中期旧石器捏造事件

後期旧石器時代の資料が全国で蓄積され、評価が定まっていくなかで、さらに古い前・中期旧石器時代の人類痕跡を探る試みもはじまった。青森県金木《かなぎ》町(現五所川原市)藤枝《ふじえだ》溜池地点で採集された石片にその可能性があるとみて、一九五二・五三年に現地調査した杉原は、地層中に乱雑に含まれる産出状況から自然の力による破砕礫《れき》と断定し、以後前・中期旧石器文化の存在に懐疑的となる。一方、杉原とともに岩宿遺跡の調査に携わった芹沢は、大分県日出《ひじ》町早水台《まちそうずだい》遺跡や栃木県星野遺跡などの調査から、各種「珪岩製石器」や「斜軸尖頭器」をもとに、日本列島にもヨーロッパの前・中期旧石器時代に相当する「前期旧石器時代」を認めるべきだと主張した(芹沢長介、前掲)。さらに一九七一年には、旧石器時代研究の扉を開いた岩宿遺跡で、新たにD地点の調査を行なって、自説の補強に努めた。しかし、杉原はじめ学界の多くは、芹沢が根拠とする「珪岩製石器」は珪岩(チャート)の岩体が崩落したもので、石器とは認めがたいとし、「前期旧石器存否論争」が繰り広げられたが、議論はまったくかみ合うことはなかった。それが、一九八〇年代に入って状況は一変する。

一九八一年の宮城県岩出山《いわでやま》町(現大崎市)座散乱木《ざざらぎ》遺跡の調査の際に、後期旧石器時代よりも明らかに下の層から、珪岩製ではない「斜軸尖頭器」に類する資料を含む石器群が出土した。宮城県内を中心に、崖面の探索などにより多くの遺跡が発見・調査され、ついに「上高森《かみたかもり》遺跡*」では、約五〇〜六〇万年前という原人の時代まで遡るという主張がされるようになった。しかし、二〇〇〇年に「上高森遺跡」の調査中、調査副団長の藤村新一が早朝、発掘区内に石器を埋め込む姿が毎日新聞社によって撮影され、捏造が発覚した(毎日新聞社旧石器遺跡取材班

『発掘捏造』）。この事件によって、考古学への信頼性は地に落ちる状況となった。ただちに日本考古学協会が中心となって、事実関係を確定するための検証調査が行なわれ、約二年半をかけてその全貌がほぼ明らかにされた。「上高森遺跡」では、検証発掘調査によって、石器を埋めた状況が鮮やかに確認された。その他、宮城県内を中心として北海道から東京都まで一一四カ所もの「前・中期旧石器遺跡」の発掘資料・データおよび土層断面採取資料は、捏造によるものとして抹消され、それに関する報告や論考は無効と判定されることになった（日本考古学協会『前・中期旧石器問題の検証』）。

なぜこのような事態を招いたのか。この点も執拗に追及された。

当時から懐疑的な声がなかったわけではない。「前・中期旧石器時代」の扉を開いた座散乱木遺跡の調査成果が発表された時も、縄文時代とみるべき石器が混入しているとか、通常は遺跡で必ず発見される石器製作時の石屑《いしくず》（砕片）がないのは不自然である、などの指摘があった。しかし、早い段階に縄文時代の石器が混入していると指摘を受けたためか、明らかにそれとわかる石器はその後埋められなくなり、疑問は立ち消えたかっこうになった。とはいえ、発掘された石器をあらためて点検してみると、鍬やトラクターの刃による現代の破損・欠損や、鍬などの刃で引っかいた跡が酸化して褐色の線状痕をなす事例も多数確認された。検証調査報告をみると、なぜこれほどまでの破損や欠損が最初の報告時に見逃されてしまったのかと、暗澹たる思いがする。おそらくは縄文時代の遺跡で地表に散乱する石器を拾い、そのなかから前・中期旧石器時代のものにみえそうな石器が選ばれ、それが埋め込まれたと思われる。それを考古学者が見抜けなかった責任は重い。前述の出土状態にまつわる疑問も、出土する地層の年代が測定され、確かにその層から出土した石器なのだから問題はないとされてしまった。徐々に出土層が深くなり、年代も遡上していくのに、石器はそれまでとほとんど変わらないのはなぜか、と疑問視する意見もあった。しかし、これも出土する資料をどう理解・説明するかに論点が限られてしまい、疑問をより深めることはできなかった。

この事件について考古学界は深刻に受け止め、自ら検証調査に取り組み、その後の調査に生かしている。中期旧石器時代に遡る可能性があるとされた長野県飯田市竹佐《たけさ》中原《なかはら》遺跡では、出土する石器を取り上げる際に、石器下面の土に残された石器の跡型をチェックして、人為的に埋めた痕跡がないことの撮影まで行なっている。遺構を発掘する場合、小さな穴でも原則どおりに半分だけ掘って、遺構と判断して誤りがないかを点検する。遺構や遺物の判断も調査チームだけでなく必ず複数の立場の研究者による点検を行なう。また、日本旧石器学会を立ち上げて、研究者間の議論の透明性と公平性を確保しようと努め、二〇一〇年には中期旧石器時代に遡る資料の可否・判断をめぐって公開で激しい議論を行なった。

＊ 検証調査によって遺跡とする要件を失った場合、「〇〇遺跡」と括弧を付した。しかし、座散乱

木遺跡のように「前・中期旧石器遺跡」としては抹消しても、後期旧石器時代以後の遺跡としては要件を満たす場合は括弧を付さずに表記した。

どこから日本列島へ

二〇一〇年現在、後期旧石器時代よりも古い石器群は、岩手県金取《かねどり》遺跡や長野県竹佐中原遺跡などの資料がその可能性を含むものの、確かな資料は存在しない。だれもが承認する最古の資料は、岩宿遺跡（岩宿Ⅰ）や西之台遺跡B地点など、立川ローム層下部のX層相当の層位から出土する石器群であり、今から三万数千年前の後期旧石器時代初めにあたる。とはいえ、岩宿Ⅰ石器文化や東京都小平市鈴木遺跡X層では、縦長の剝片の一部のみ加工されたナイフ形石器と刃部を磨いた石斧《せきふ》の組合せ、西之台遺跡B地点では小型の石器群と、だいぶ特徴が異なる。後者がより古いとみる見解もあるが、なお議論がある。

それではこれらの石器群をつくり使った人類は、どのような人びとで、どこから日本列島にやって来たのであろうか。このことを考える場合には、まず当時の日本列島の地形環境を押さえる必要がある。旧石器時代＝更新世《こうしんせい》（約二五〇万〜一万年前）は俗に氷河時代といわれるように、寒暖を繰り返しながらも、基本的には寒冷な気候が支配的な時代である。もっとも寒冷な、今から約二万年前頃は、現在よりも年平均気温が六〜七度低く、高緯度地帯の大陸氷河が発達したために海水面が現在よりも約一二〇メートル低下した。そのために、宗谷《そうや》海峡は陸地となってシベリアからサハリン（樺太《からふと》）を経て北海道まで地続きとなり、大陸の一隅となる（図1－4）。

津軽《つがる》海峡と朝鮮・対馬《つしま》海峡は閉じることはないものの、後者が著しく狭くなって対馬海流が流れ込まなくなった日本海は巨大な湖のような状態となる。東シナ海の大陸棚は陸地となり、陸上動物や人類が闊歩した。現在は調査の手がおよばない、日本列島周辺の大陸棚には、多数の人類遺跡が埋没しているに違いない。獲物を求めて人類は、シベリア方面から北海道へ、そして狭い海峡をわたってアジア大陸から九州・西日本へと活動の舞台をひろげていった。

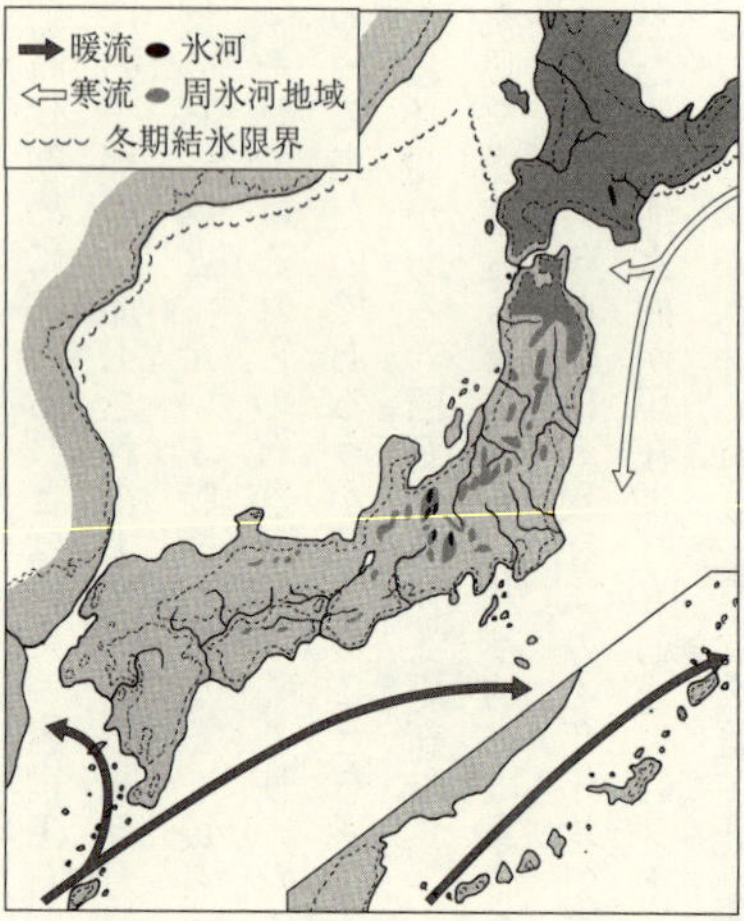

図 1-4　最寒冷期（約２万年前）の日本列島

日本列島の更新世の化石人骨は、本州では、確かな資料としては静岡県浜北（現浜松市）例があるものの破片であり、形質上の特徴をつかむのは難しい（先述の明石原人は、石膏型の再検討にもとづき完新世の人骨とみる意見が現在では支持されている）。更新世の化石人骨で形質的特徴がわかるのは、港川《みなとがわ》洞穴や山下町洞穴など沖縄本島の資料であるが、これらは石器群をまったく伴わない。炭化物の年代測定で旧石器時代とされ、彫りの深い顔面など、形質的な特徴は後期更新世でも古相をしめすという。そして、周口店《しゅうこうてん》遺跡など中国北部よりも、東南アジアからインドネシア周辺一帯の人骨に類似した特徴をもつことから、南方系の人類集団が北上する過程で、沖縄諸島に渡ってきたものとみられる。さらにこうした形質が縄文人とも類似性をもっていることから、彼らのうち日本列島までやってきた人びとがやがて縄文時代の文化の担い手になったと考えられている。

しかし、最近、国立科学博物館の研究プロジェクトで、港川人の下顎骨《かがくこつ》の修正復原が行なわれる過程で再度詳細に検討された結果（図1－5）、港川人と縄文人の形質は異質であり、両者は無関係だという見解も出されている（海部陽介・藤田祐樹「旧石器時代の日本列島人——港川人骨を再検討する」）。本州で更新世人骨の確かな資料が検出されないかぎり、この問題を解くことは難しい。

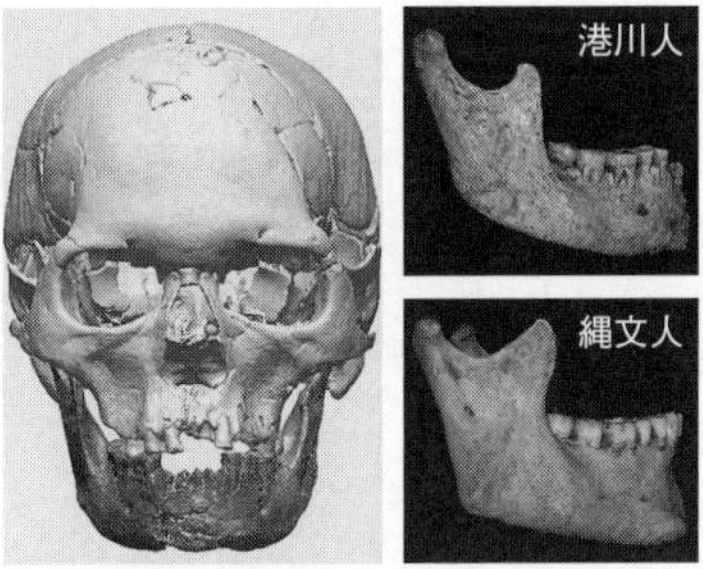

図1-5　復原し直された港川人の顔面と下顎骨

視点をかえて、人骨ではなく石器群の特徴から考えようとしても、そもそも後期旧石器時代初頭の石器群をどうみるかの問題があり、なかなかすっきりしない。西之台遺跡B地点のような小型の石器群が東南アジア方面の資料に近いとみなし、港川人の形質の由来と重ねる見方がある一方で、西之台遺跡B地点の石器群は、後期旧石器時代に特徴的な石刃《せきじん》技法(後述)によってつくられたものであることから、東南アジアではなく、同じ技法を用いる中国の華北より北の地域との関係を重視する見方もある。少なくとも、日本列島の後期旧石器時代の石器群は圧倒的多数が、石刃技法にもとづいており、南方と類似する小型石器群が主であるわけではない。しかし、先述のような岩宿I石器文化や鈴木遺跡X層の石器群と同種の特徴をもつ石器群が、朝鮮半島をはじめ東アジアのいずれでも検出されていないので、後期旧石器時代の文化をもたらした人びとの故地を知るのは、将来の課題とせざるをえない。

石器をつくる技術

日本列島では、旧石器時代の遺跡を発掘すると、石器類や、調理に用いたとみられる焼けた礫《れき》、焚き火の痕跡である焼土や炭化物片などがみつかる。狩猟対象となったナウマンゾウやオオツノジカなどの骨や角を加工した骨角器《こっかくき》も用いたはずであるが、岩手県花泉《はないずみ》遺跡や長野県野尻湖《のじりこ》遺跡群でわずかに確認できるにすぎない。動物骨は、日本列島が酸性土壌であるために、石灰岩地帯や瀬戸内海などの海底や低地の堆積土中にかろうじてのこる程度である。しかし、石器だけからでも、後期旧石器時代の人びとの様子はうかがえる。

まず彼らが石器づくりに用いた石材は、北海道、中部・関東、北部九州は火山ガラスである黒曜石、東北地方では堆積岩の頁岩、近畿から九州までは安山岩の一種であるサヌカイトが多い。これらは、それぞれの地方で弥生時代まで石器に用いられた石材で、滑らかで加工しやすく、しかも鋭利な刃部をつくりだせる特徴をもつ。しかし、これらの石材は産出地が限られるために、例えば武蔵野台地では、直線距離で五〇～一〇〇キロメートルも離れた八ヶ岳周辺や箱根、伊豆諸島の神津島《こうづしま》で産出する黒曜石が用いられるように、遠隔地から運ばれる場合が多い。もちろん、近くで採取できる石材も用いられるが、武蔵野台地の場合、後期旧石器時代後半の槍先形尖頭器が主となる段階では黒曜石が圧倒的多数を占める。狩人である彼らにとっては、槍先に適した石材が入手できるか否かは、自らの生存を左右する重大事である。

また旧石器時代の石器の歴史は、限られた石材をいかに効率的に道具の刃として用いるかの改良の歴史といってもよい。一キログラムの石材からつくり出される石器の刃の長さをみると、約一〇〇万年前の前期旧石器時代前半には合計一メートルにも満たなかったのが、後期旧石器時代には一個の石塊から縦長の石片を連続的に剝ぎ落とす石刃技法という技術を獲得して、一〇～五〇メートル、さらに旧石器時代終末期の細石器《さいせっき》段階では一〇〇メートル以上にもおよぶ。彼らは、こうした石材をつねに携行し、槍先が破損すれば直ちに刃先を替え、その石材が消耗するのを抑える技術を向上させていった。

世界的にいえば旧石器時代は、磨かれた石器がなく、ナウマンゾウなどの絶滅動物と共存した時代として定義されてきたが、不思議なことに日本列島の後期旧石器時代の初期には磨製石

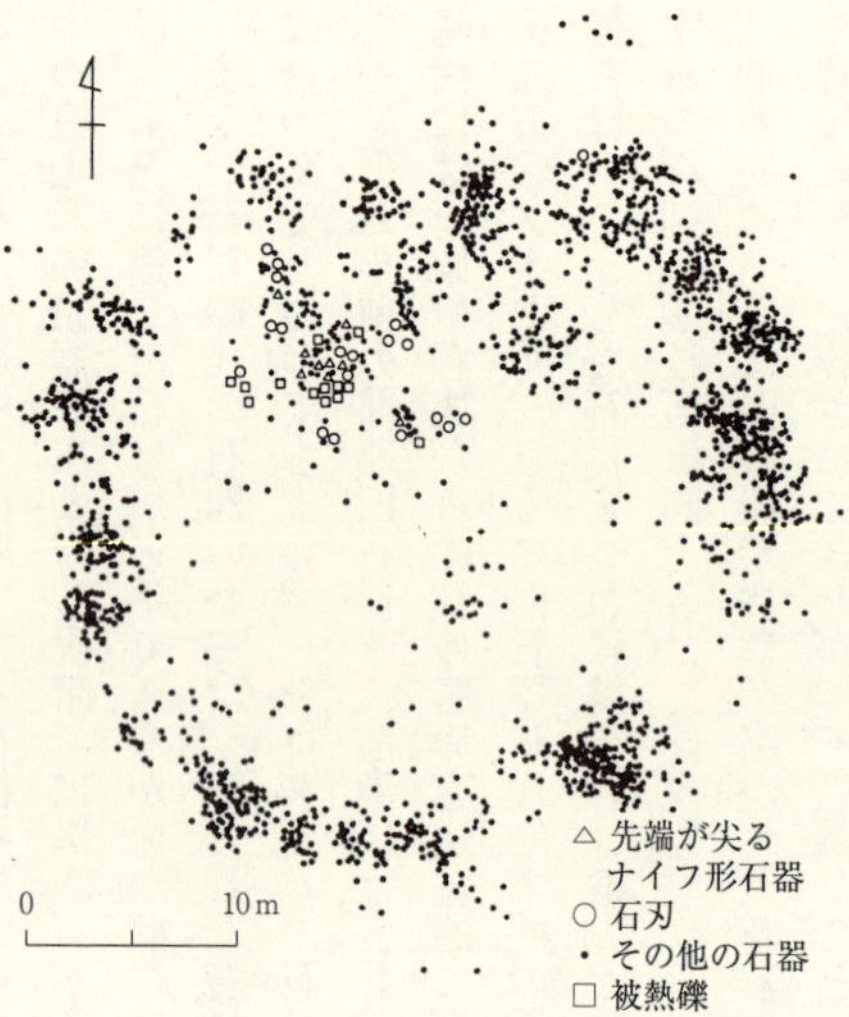

図1-6　環状ブロック(群馬県下触牛伏遺跡)

斧がある。岩宿遺跡の石器でも刃部の一部が研磨されていたことから旧石器時代の遺跡と認めない見解が出されたほどだが、現在ではウクライナやオーストラリアでも旧石器時代の磨製石器が発見されている。一時的にとどまる場所にテント状の上屋をつくるために樹木を伐採したり、あるいはナウマンゾウなどの大型獣を解体するために用いられたと考えられている。

狩人のムラ

旧石器時代の遺跡を発掘すると、石器や石器をつくる際に生じた石片が数メートルほどの範囲に集中する。これは、道具の補充のために石塊を打ち割り石器をつくった場であり、また居住した場に石器がのこされたものと考えられる。通常、そうした石器集中地点はいくつか群集しており、またひとつの遺跡のなかで何層にもわたって重なって検出される。全国でもっとも調査が密に行なわれている東京都の野川流域の遺跡群をみると、国分寺崖線から湧き出して野川を流れる水を求めてやってくる獣類を射止めようと集まった、狩人たちのキャンプの跡が密集している。野川流域遺跡群のひとつ、西之台遺跡B地点では立川ローム X層からⅢ層までの間に一三面の文化層が検出され、三鷹市と調布市にまたがる下原《しもはら》・富士見町遺跡でもX層からⅢ層までの各層から、石器集中区一〇三カ所、総数二万八五五五点の石器と七万八〇二二点の礫、炭化材片三三万一三六九点、礫群三三五カ所が確認されている。石器の主役はナイフ形石器で、石片の鋭いかみそり状の縁辺をのこした片面加工の石器であり、狩猟具の槍先や獲物の解体などに用いられた。礫群は焼けた礫の集積で、獲物を蒸し焼きにする時などに用いたと考えられる。

このように、獣類が集まり、人間も滞在するにふさわしい環境の地点では、後期旧石器時代の約二万年の間、狩りで移動しながら繰り返し立ち戻る場が形成された。また、群馬県赤城山麓の伊勢崎市下触牛伏《しもふれうしぶせ》遺跡や栃木県佐野市上林《かみばやし》遺跡などでは、石器集中地点が直径数十メートルのドーナツ形をなす環状ブロックという遺構を構成している(図1-6)。こうした遺構は、長野県信濃町日向林《ひなたばやし》B遺跡など、ナウマンゾウの骨などが出土した野尻湖周辺でも検出されることから、大型獣を狩猟するために集まった人びとのムラだとか、石器石材の交換の場だとか、いくつかの解釈が出されている。小規模な遺跡も同時にみられることから、ふだんは少人数で移動生活をする狩人たちが、ときに集合して情報や物資の交換、あるいは集団間の連携を確認しあうような社会的機能をはたした場ではなかったかと考えられる。

しかし、日本列島の旧石器時代文化は、どこでも以上のような状況で均質であったわけではない。それは、①朝鮮半島方面から西日本へ、②シベリア方面から北海道へ、という二つの回廊をとおして日本列島の旧石器文化が形成されたことと、大きくかかわっている。

地域ごとの違い

例えば、後期旧石器時代初頭の遺跡は、朝鮮半島方面から移動してきた集団の存在を想定させるように九州から関東にかけて多く認められ、後期中頃には朝鮮半島に特徴的な剥片尖頭器が九州にもひろく分布している。後半期には、西日本一帯に台形石器という特徴的な石器がひろがる。いっぽう、後期中頃から後半にかけて、北海道には細石器文化とよばれる新しい石器製作技術が登場する。入念に加工して一個の石塊から長さ数センチメートル・幅数ミリメートルの細かいかみそり状の石片を一〇〇以上も連続的に剝ぎとる技術で、その石片を槍先に埋め込んで用いるが、刃の一部が損傷した場合は、欠けた部位の石片を替えるだけでよい。それまでのナイフ形石器という槍先では、損傷したら槍先を丸ごと替えなければないから、石材の損耗率が高かった。効率的な石材＝資源利用と、新しい道具の刃の更新法の出現である。また、中部高地では、石片の両面を加工して、肉厚の木の葉形に仕上げた槍先形尖頭器とよばれる石器が発達し、関東から東北地方まで分布をひろげる。

このように、後期旧石器時代後半には、西日本、中部・関東・東北、北海道では、それぞれ特徴的な石器が用いられている。こうした地域差は、細かな石器製作法の違いなどの面でそれ以前から認められたものだが、後半期にいっそう著しくなる。こうした地域ごとの違いは石器の形態や製作技術にとどまらず、おそらくは狩猟法やさまざまな場面での行動様式にまでもおよぶに違いない。次に述べるように、九州南部では植物質食料を利用する特徴がみられることなども、地域ごとの生活の違いを示している。

それが旧石器時代の最終段階になると、北海道から南へ、またこれと呼応するように、朝鮮半島から西日本一帯へと、細石器文化が分布をひろげ、日本列島各地の地域差は薄らぐようになる。

食料資源は何か

旧石器時代の狩人たちが狩猟対象としたのは、シベリア方面から北海道へ南下してきたマンモスとヘラジカ・バイソンなどの動物群と、中国大陸から本州に渡ってきたナウマンゾウやオオツノジカなどの動物群で、いずれも大型の獣類である。主に投げ槍で射止めたが、静岡県東部の箱根・愛鷹《あしたか》山麓などでは直径・深さとも一・五メートルほどの穴が列をなしており、狩猟用の落とし穴と考えられる。土掘り専用の道具をもたない人びとがこれほどの規模の穴を穿つことに驚かされる。ナウマンゾウは後期旧石器時代の初めまでに絶滅したと考えられるし、サイズからいってもこれらの落とし穴猟は、縄文時代によく捕獲されるようになるシカやイノシシ用であった疑いがある。さきほどふれた環状ブロックはこの頃からはみられなくなる。ナウマンゾウのような大型獣を主に狩っている時は、共同狩猟と獲物の分配のために大勢が集まっていたのが、その絶滅によって、必要がなくなったのかもしれない。

しかし、彼らは動物質食料だけを摂取していたわけではない。終末期の細石器文化期に属す新潟県荒屋《あらや》遺跡ではオニグルミ・ミズキ、静岡県広野北《ひろのきた》遺跡でもオニグルミが検出されており、ハシバミ・チョウセンゴヨウなどの実やコケモモなども食されたと思われる。また、鹿児島県種子島《たねがしま》の立切《たちきり》遺跡など九州南部の遺跡では木の実類をすりつぶす磨石が多く出土しており、縄文時代のさきがけのようにかなり木の実類を食料源としていたようである。シベリアの遺跡では魚類の骨が検出された実例があるので、魚類も食された可能性があるものの、今のところ日本列島ではそれを立証する手がかりはない。狩猟による動物質食料を基礎にしながら、合わせて植物質食料も摂取する生活が基本であった。

しかし、更新世から完新世(約一万年前〜)にかけて急速に地球が温暖化し、日本列島の地形も生態環境も大きく変貌していくと、むしろ植物質食料を基本としながら陸域と水域の動物質食料を組み合わせ、四季折々に食料の組合せを変える新しい生活形態に移り、定住化が進むことになる。縄文時代文化への移行である。

2　移動から定住へ

縄文文化の成立

縄文文化をどのように規定し、理解するかはこれまでいくつもの見解が出されてきた。縄文時代・文化という名称は、そもそも縄文式土器が使われた時代・文化という意味であった。しかし、現在は、更新世から完新世にかけて起きた日本列島における環境・生態変動に対して、当地域に住む人類が適応した文化とみるのが一般的である。

更新世から完新世にかけてのもっとも大きな変化は温暖化の進行である。まず海面は、約二万年前の最寒冷期に現在よりも約一二〇メートル低かったのが、その後次第に上昇して、縄文前期前半の約六五〇〇年前にピークに達し、関東では、現在よりも二メートルほど高くなる。海水は陸域へ深く浸入しており(海進《かいしん》という)、現東京湾北岸から約七〇キロメートルも内陸に入った茨城県古河《こが》市付近まで達している(図1－7)。これにより、陸域と海域が複雑に入り組む環境が現われた。植生も、旧石器時代には九州南部から奄美《あまみ》方面にかぎられていた照葉樹林帯が、関東や北陸の海岸部にまで北上・拡大して、アカガシやシイノキを主とする植物相となり、東日本内陸部から東北日本にかけてはナラやブナなどが特徴的な温暖帯落葉広葉樹林がひろがるようになる。動物相も、更新世末期にナウマンゾウ・オオツノジカなどの大型獣が相次

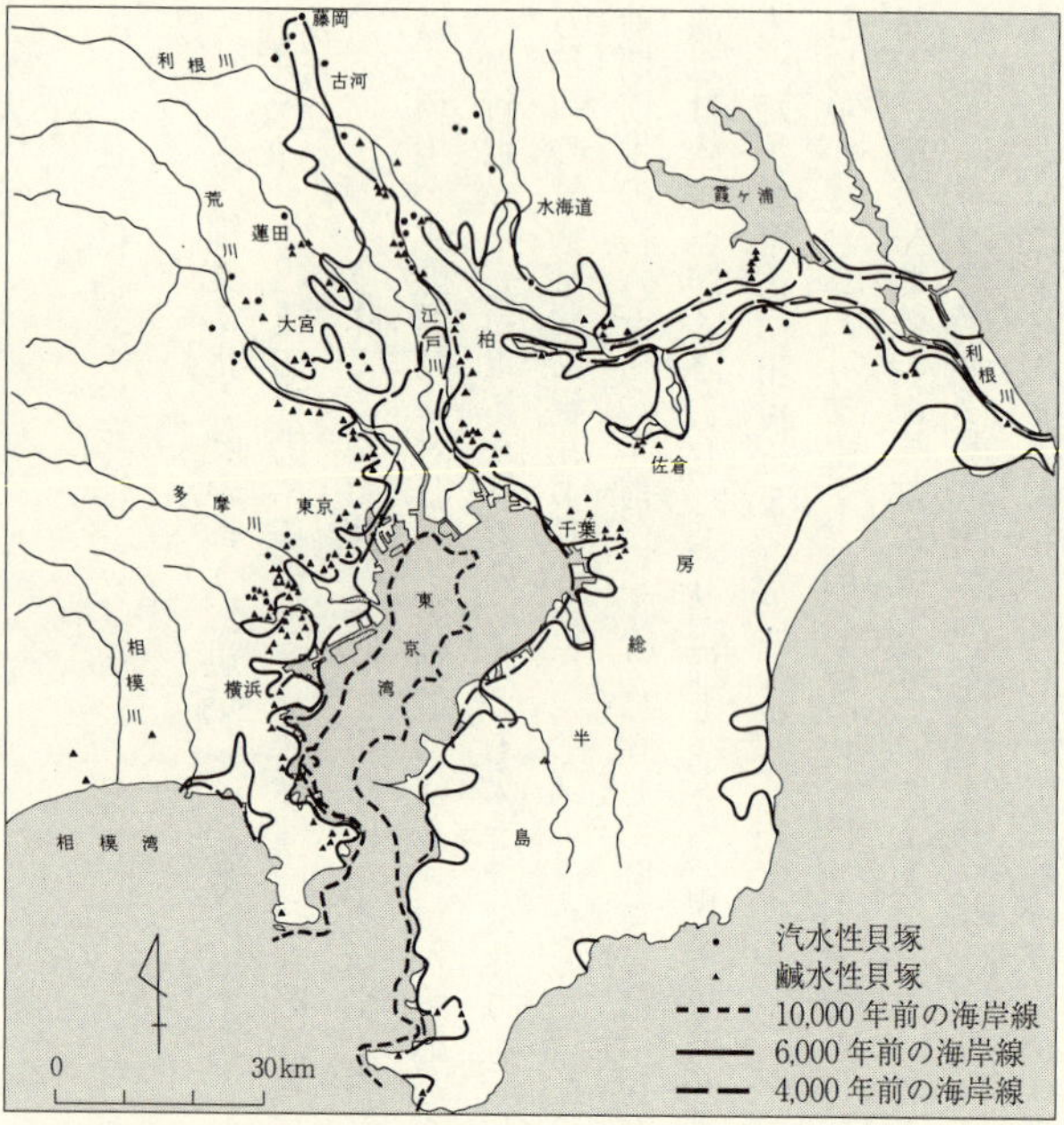

図 1-7　縄文時代の海進と海退

いで絶滅し、ニホンシカやイノシシなどがもっとも大型の動物となる。

こうした変化をうけて、照葉樹林・落葉広葉樹林で生育する木の実類を主要なカロリー源とするようになり、敏捷な動物を捕獲するのに有効な弓矢猟が発達し、猟犬を用いる狩猟法も採用される。新たに出現した内湾域には各種の魚介類が多数生息しており、これを採集するようになる。新たに現われた生態環境のなかに生息・生育する各種の動植物を獲得する技術を開発し、これによって一年を通して定住性の高い生活を持続することが可能となった。環境適応はなにも食料にかぎらない。樹種ごとの性質にしたがって建築材や各種生活用具に木材を使い分ける知識や加工する技術なども獲得されており、新たな生態環境を多角的に利用する食生活・資源利用システムが開発された。

現在の日本の考古学では、このように縄文文化を理解し、その時代を縄文時代としている。世界史的にみた場合、縄文時代は時期的には新石器時代に相当するにもかかわらず、農耕が採用されていないことから、学界では縄文時代を新石器時代とみることに長らく否定的ないし慎重であった。しかし、こうした完新世になって現われた新たな森林生態系に適応した点や、食料資源としてクリを移植して集中的に採取できるようにしたことも明らかになったことから、ようやく森林性という但し書きを付けた新石器時代・文化とみなす意見が支持されつつある（鈴木公雄「日本の新石器時代」、今村啓爾『縄文の実像を求めて』）。

ただし、どの時点をもって縄文文化の成立とみるかはいまだ議論がある。従来は土器や弓矢猟が出現する段階からとみる意見が多かったが、土器の出現は放射性炭素測定・較正年代では一万六〇〇〇年前まで遡るという報告もある。そのため約二五〇万年前から現在までの気候や地質・動植物を研究する第四紀学の年代観では更新世となるので不適切とみなして、完新世からを縄文時代とすべきだという提言もある（今村啓爾「ヨーロッパ考古学における時代区分と縄文時

図1–8　縄文時代草創期の隆起線文土器群（神奈川県花見山遺跡）

代」）。第四紀には、約二万年前の最終氷期から徐々に温暖化する途中に顕著な寒の戻り現象（新ドリアス期）があり、学界で、これが終わる時点をもって更新世と完新世の境とするよう定められた。その年代は当初、一万年前とされたが、その後年代値の補正が行なわれて、約一万一〇〇〇年あまり前と改められた（米倉伸之ほか編『日本の地形1　総説』）。考古学的にも、次に述べるように、縄文時代文化を規定する要素は、徐々に現われていったのであり、旧石器時代との線引きは容易ではない。詳しい年代値にこだわるよりも、ここでは目安として一万年あまり前頃とし、土器の出現や弓矢の登場、木の実利用の拡大などがはじまった段階＝縄文時代草創期から、縄文時代的な文化要素が順次整っていく、と緩やかにとらえておきたい。

土器の出現

日本列島最古の土器は、青森県大平山元《おおだいやまもと》Ⅰ遺跡や茨城県後野《うしろの》遺跡・神奈川県寺尾遺跡などで出土した数点の小破片である。旧石器時代的な石槍や、丸鑿《まるのみ》形石斧という特徴的な石器群からなる神子柴《みこしば》文化とよばれる遺跡の資料に伴う。次の隆起線文《りゅうきせんもん》土器段階になると九州南部から東北地方北部まで各地で全形がわかる土器が発見されており、急速に土器が普及していったことがわかっている。不安定な丸底から口まで形の変化が乏しい単純な深鉢形をしており、形の変異は大小の別くらいである（図1－8）。外面に煤《すす》が付着することから煮沸具として使われたことがわかる。

容器自体は旧石器時代にも皮袋などがあったと推測されるが、液体を煮沸できる容器である土器の出現は、新しい環境への適応の大きな一歩であった。食品化学者の山口昌美によると、植物の生産する生澱粉は結晶状態のベータ型で、そのままでは人類の消化酵素は作用しにくい。ところがこれを煮沸すると結晶状態が解かれて、消化吸収が可能なアルファ型となる。煮る技術を獲得したことによって、澱粉エネルギーの利用がはじめて可能になったのであり、考古学者はもっとその点を評価するべきだと述べる（山口昌美「食品化学余話」）。土器の普及は、各地の森林がもたらす植物質食料を積極的に利用することを可能にする大きな条件整備であったとみてよいだろう。

定住のはじまり

九州南部の鹿児島市掃除《そうじ》山《やま》遺跡や南さつま市栫ノ原《かこいのはら》遺跡などでは、木の実類や根菜類をすりつぶす磨石や敲《たた》き石・石皿《いしざら》が明瞭に認められ、やがて全国各地に縄文時代を特徴づける石器として普及していく。また、おなじく鹿児島県の東黒土田《ひがしくろつちだ》遺跡では、ドングリを蓄えた貯蔵穴も発見されている。土器が多く出土するのと歩調を合わせるように、植物質食料への依存度が急速に拡大したことがわかる。

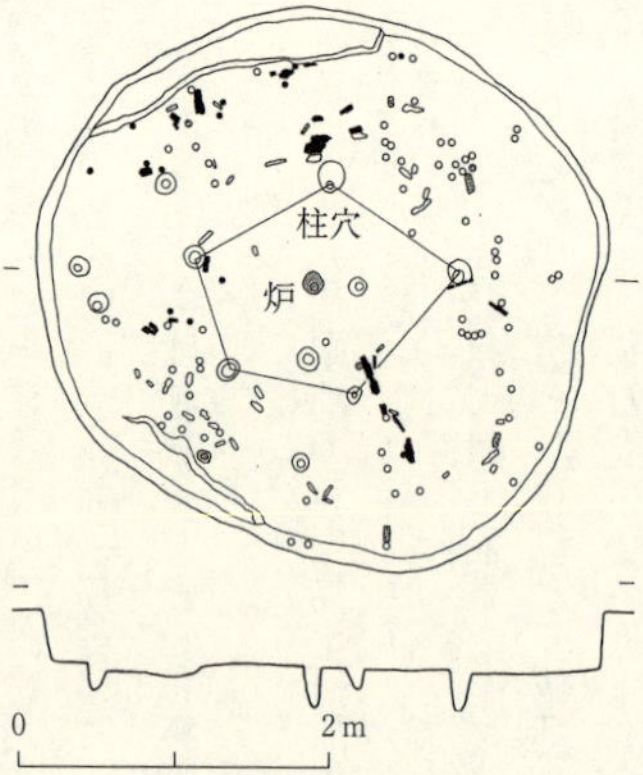

図1-9　縄文時代草創期の竪穴住居跡．深さ約40㎝．床面に上屋材の炭化材がのこる(静岡県葛原沢第Ⅳ遺跡)

植物質食料の拡大だけでなく、狩猟法も更新された。旧石器時代の大型獣を射止めるには投げ槍が主であったが、旧石器時代よりも鬱蒼《うっそう》とした山野のなかで、敏捷に走り回るシカやイノシシを的確に射止める狩猟具として弓矢が登場する。縄文草創期前半の神子柴文化期には大型の槍が目立つが、後半の隆起線文土器段階になると槍は急速に減少し、弓矢が普及していく。

新たな生業として漁撈《ぎょろう》も確実に採用されている。多摩川上流域にある東京都あきる野市前田耕地遺跡では、焼け土のなかからサケ類の骨が多数検出されており、秋に一斉に川を遡上するサケ類を集中捕獲するようになったことがわかる。

このように縄文時代になって、植物質食料の積極的利用や土器による煮沸、弓矢の普及、漁撈が確実にはじまるなど、大きな生活様式の変化が生じた。ちょうどその段階に竪穴《たてあな》住居が、各地に登場する(図1-9)。

旧石器時代の住居は、狩猟生活にふさわしく、テントのような頻繁に移動できるものであった。それに対して竪穴住居は、複合的な食料資源利用を行なうことによって、一カ所にとどまっても生活が可能となり、土地への定着度が増した結果、登場したものである。竪穴を掘ることによって冬季の保温性が増し、柱をより堅固に据えることで風雨に耐える堅牢な構造の住居とすることができるようになった。通年どころか数年にわたって一カ所にとどまって居住し、その周囲数キロ圏内の資源を持続的に利用するよう生活の仕組みが変わり、やがて前期になると長期間継続的に居住するようになって集落遺跡は大規模なものとなる。

約一万年前の縄文時代早期になると、神奈川県夏島貝塚や千葉県西之城《にしのじょう》貝塚のように、貝類を多数捕獲したことを示す貝塚がみられるようになる。貝塚からは、釣針や銛《もり》などの漁撈具、各種の魚骨が出土し、魚介類を捕獲した活動の様子がよくわかる。関東地方から、いわき海岸・仙台湾を経て三陸海岸まで、三河湾から伊勢湾周辺、瀬戸内海沿岸、有明海沿岸など、内湾が発達する地域では、このあと縄文時代全期間を通じて多数の貝塚遺跡がのこされている。貝塚は、定住性を高めた縄文時代の人びとが集中的に労働投下することによって、魚介類という特定の資源を多量に獲得したことを如実に表わしている。

こうして草創期から早期へと縄文時代に特有の生活システムが徐々に整えられていくなかで、女性をかたどった土偶《どぐう》など宗教的な遺物も登場してくる。草創期の三重県粥見井尻《かゆみいじり》遺跡や、早期初めの茨城県花輪台《はなわだい》貝塚などの土偶は、のちの土偶とは異なって高さが三～七センチメートルといたって小さい。いずれも、頭部や脚部は省略されるか簡略な表現なのに、乳房は豊満につくられ、女性像であることを明示する。土偶が生命を育む女性をかたどるのは縄文時代を通じて変わることはなく、安産や豊穣を祈る儀礼に用いられたと思われる。

生活の季節性

各地にのこされた貝塚を構成する貝の種類は、内湾か外湾か、干潟《ひがた》や砂泥質か岩《がん》礁《しょう》かなど、遺跡が位置する付近の海域の環境によって左右されるのはもちろんである。しかし、そこに生息する貝なら何でも採取しているわけではない。例えば、縄文時代中期から晩期まで営まれた千葉市加曽利《かそり》貝塚の場合、貝層の厚さが約二メートルにもおよぶが、貝層の断面をみると、ハマグリとイボキサゴが何層にも重なり合う。イボキサゴなどは、小さすぎて食料にはならないと思われるのに、それだけが層をなすのは不思議である。そもそも加曽利貝塚は、復原した当時の海岸線から、台地の間を縫う谷筋を七、八キロメートル以上も遡った位置にあって、これだけの規模の貝塚が形成されたというだけでも驚くが、この時期すでに特定の貝種を集中採取していたことにはさらに驚かされる。縄文後期になると、さらに東京湾岸から台地を越えた印旛沼《いんばぬま》側にもハマグリなどの東京湾産貝類が目立つ貝塚が築かれており、単なる食料源というだけではない付加価値がこれらの貝にはあったのかもしれない(阿部芳郎ほか「縄文後期における遺跡群の成り立ちと地域構造」)。

しかも、東京湾沿岸で多量に採取されたハマグリは、遺跡によって差があるものの、春から夏にかけて集中的に採取される傾向がある(図1-10)。それは、ハマグリの貝殻の殻頂《かくちょう》部を基点として波紋状にひろがる成長線の観察によってわかる。殻頂を通る中心線で貝殻を切断して顕微鏡下で観察すると、潮の満ち干の繰り返しによって、あたかも樹木が成長の跡として年輪をのこすように、貝は日ごとの成長線を印す。そしてもっとも寒冷な二月がもっとも間隔が狭いので、そこから何本目の成長線でその貝の成長が終了したか、つまり採取されたかがわかる。千葉県曽谷《そや》貝塚や茨城県上高津《かみたかつ》貝塚の分析では、春から夏にかけて採取されたものが多い。このことは、当時の人びとが明らかに「季節」を意識して食料採取活動を行なっていたことを示すといえるのではないか。

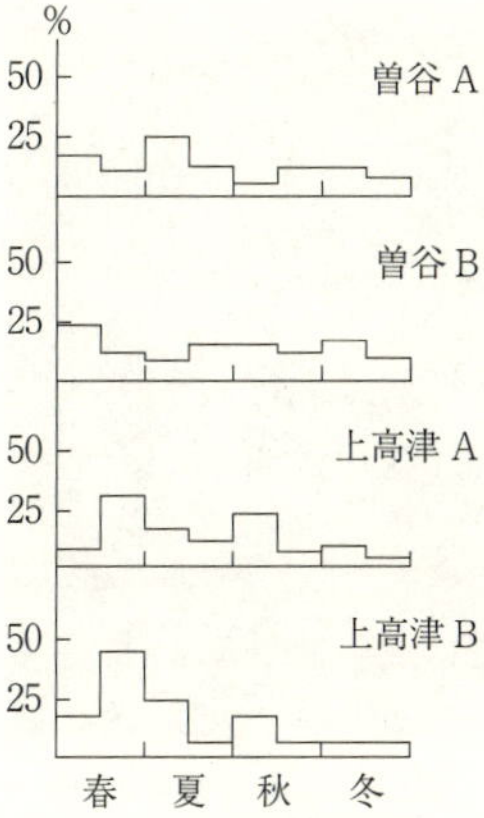

図1-10　貝塚を構成するハマグリの採取時期

こうした季節性は貝類に限らない。先述のように、東日本の内陸部では、秋に川を集団で遡上するサケ類が重要な食料源として捕獲されていた。また、貝塚には魚介類だけでなく、貝類のカルシウム分によってシカやイノシシをはじめとする獣骨もよくのこっている。狩猟シーズンについては、大泰司《おおたいし》紀之が、現生ニホンシカの研究をもとに、福井県鳥浜遺跡でみつかったシカ二〇個体を分析して、シカ猟のピークは一

図1-11　埼玉県赤山陣屋跡遺跡のトチの実加工場．周囲にトチの実の殻が投棄されていた

〇月から一月がほとんどであったと指摘している(大泰司紀之「シカ」)。シカ・イノシシの生態からしても冬季が狩猟に効果的だという指摘があるし、近現代の狩猟慣習をみてもシカ・イノシシ猟は冬季が圧倒的である。近現代の狩猟は、農業従事者が冬季という農閑期に狩猟に携わることが多い点に注意する必要があるとしても、狩猟は冬季に集中したと考えるのが妥当である。

そして、縄文時代の人びとにとって主たるカロリー源となったのは、ドングリ・クリ・トチなどの木の実類である。縄文時代の集落では、貯蔵穴が密集する事例が多数検出されている(後出三七頁、図1－13参照)。青森県三内丸山遺跡では、建築材としてクリ材が多数用いられるとともにクリ花粉が多量に検出されることから、クリの移植・管理・栽培が行なわれたとされる。新潟県青田《あおた》遺跡でもクリの実が多数検出されるとともに、使用されたクリ材の年輪観察の結果、自然状態よりもはるかに成長が早く、成育管理が行なわれたことがわかった。また、長野県栗林遺跡や埼玉県赤山陣屋《あかやまじんや》跡遺跡など各地の縄文後・晩期の遺跡で、トチの実のアク抜きをする作業場も発見されている(図1－11)。縄文時代中期にはクリの利用が盛んであるが、後・晩期になると東日本ではトチの実の利用が盛んになる。トチの実は、現在も各地の山間部の村々で食されているが、そのままではアクが強いためにとうてい食べられたものではない。煮沸と水さらしを繰り返すことによってアク抜きしてから、トチ餅などにして食べる。縄文時代のこれらの遺跡では、谷筋の低地部に木材で枡形《ますがた》を組んでそこに水を流せる仕掛けを設けている。その周りには多数のトチの実や殻が集積する。土器も煮沸用につくられた文様の乏しい土器ばかりが、煤だらけになって出土しており、集中的に煮沸と水さらし作業が行なわれたことがわかる。

このようにみてくると、縄文時代は、温暖帯性の気候のもとに繁茂する森林がもたらす木の実類とシカ・イノシシ、海進によって形成された内湾に生息する魚介類、川を集団で遡上するサケ類など、いずれも季節ごとに集中的に採集・捕獲できる対象があり、それらを季節をずらしながら組み合わせることによって、生計が維持される仕組みであることがよく理解できる（赤澤威「縄文人の生業」）。しかも、もっともカロリー価が高い木の実類は保存性に優れるという特性をもっており、事実、集落遺跡には多数の穴倉がのこされている。竪穴住居内にも保存されたであろう。こうした食料獲得活動の季節性と貯蔵を組み合わせる生業と消費の仕組みが、縄文時代の人びとの生活を根底から支えていた。

このように、完新世に現われた森林生態系と内湾を主とする水域生態系の双方がもたらす生産物を、季節的にバランスよく配置する仕組みゆえに、縄文時代は「森林性新石器文化」とよぶことができる。それは、日本列島の森林生態系にもっともよく適合する生活の仕組みである。縄文文化を、完新世になって現われた新しい生態系への環境適応のひとつとみなすのもこうした理由からである。

農耕は行なわれたか?

しかし、縄文時代には、クリの移植・管理以外にまったく植物栽培がなかった訳ではない。はたして農耕が行なわれたのかどうか、縄文農耕論という仮説が戦後長らく議論されてきた。大規模な集落遺跡が多くのこされ、石製の土掘り具がたくさんみつかり、豪壮な土器や豊富な食料加工具も伴う縄文中期の中部高地から南関東一帯では、何らかの農耕が生活の基盤となったのではないか。また、縄文時代後・晩期の西日本でも、石製の土掘り具が多数みつかっており、縄文中期に中部地方ではじまった農耕が西日本に波及し、それがまたそのあと弥生時代に稲作が受容される基盤となったのではないか、という仮説である。

ところが、一九七〇年代以後各地で精力的に進められた縄文時代遺跡の発掘調査では、まったくそうした農耕の存在を証明する資料は見出されなかった。九州などで、縄文後・晩期の土器に付着した籾痕《もみこん》とみられてきたものも、シリコンで型取りして走査型電子顕微鏡で観察する(レプリカ法という)と、籾ではない、もしくは断定しえないものと判明した。一九九〇年代には

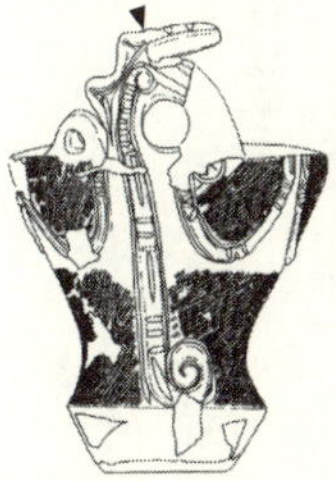

図1-12　縄文時代中期土器(高さ33㎝)の口縁部突起の折れた部分(▼印)に表われたマメ圧痕のレプリカ写真(山梨県酒呑場遺跡)

岡山県など中国地方で土器の器壁中に含まれる植物珪酸体《けいさんたい》(プラント・オパール)の形態的特徴から、縄文時代後期、さらに中期、前期と、稲作が遡るという主張もあったが、その後、後世のプラント・オパールが混入した可能性を排除できないとして宙に浮くことになった(宇田津徹朗ほか「縄文時代のイネと稲作」)。

しかし、いったんは縄文農耕を否定する結果を招いたこのレプリカ法によって、最近では縄文時代前・中期の土器にマメ類の確実な痕跡が次々に確認され(図1-12)、縄文時代晩期後半の遺跡からはキビやアワなどの雑穀類も見出されるようになってきた。それ以外に何種類もの植物種子が見出され、生活の基盤となるような集中的な植物栽培ではなく、したがって農耕というべきではないとしても、多角的な植物利用を行なっていたことが明らかになりつつある。

季節的に集中して採集する複数の資源の獲得と貯蔵を組み合わせて四季の食料を構成し、そこにいくつかの栽培植物を加えるのが実態であったとみてよいであろう。

3　集落と相互の交流

環状集落

縄文時代のムラの様子をすこしみてみよう。縄文時代の代表的な集落形態として、環状集落を挙げることができる。環状集落は、縄文時代前期に出現し、中期になると東日本各地の大型の遺跡の多くが環状となり、後・晩期になると、実例は激減する。その最盛期である中期で環状集落の構造をもっともよくつかめるのが、岩手県西田遺跡である(図1－13)。直径三五〜五〇メートルの環状に平地建物がめぐり、その外側に外径約一〇〇メートルの範囲に竪穴住居が配置され、さらにそのまわりに貯蔵穴(穴倉)が密集する。環状をなす平地建物の内側には百数十基の墓穴がめぐり、中心部には約一〇基の墓が二列に並ぶ。死者というよりも祖先のための空間が中央に設けられ、その外側に平地建物・竪穴住居・貯蔵施設の順に生者の空間が重層的に配置されている。一時期の竪穴住居や平地建物はそれぞれ数基であったと考えられるが、しかし長期にわたってムラの空間構造が持続した結果、こうした同心円形・バウムクーヘン形の集落遺跡となったものである。これが東日本の縄文中期集落の基本形であり、墓に葬られた人びとを自らの祖先と認識する人びとが共通の世界観のもとに日常生活を営む状況とみることができる。

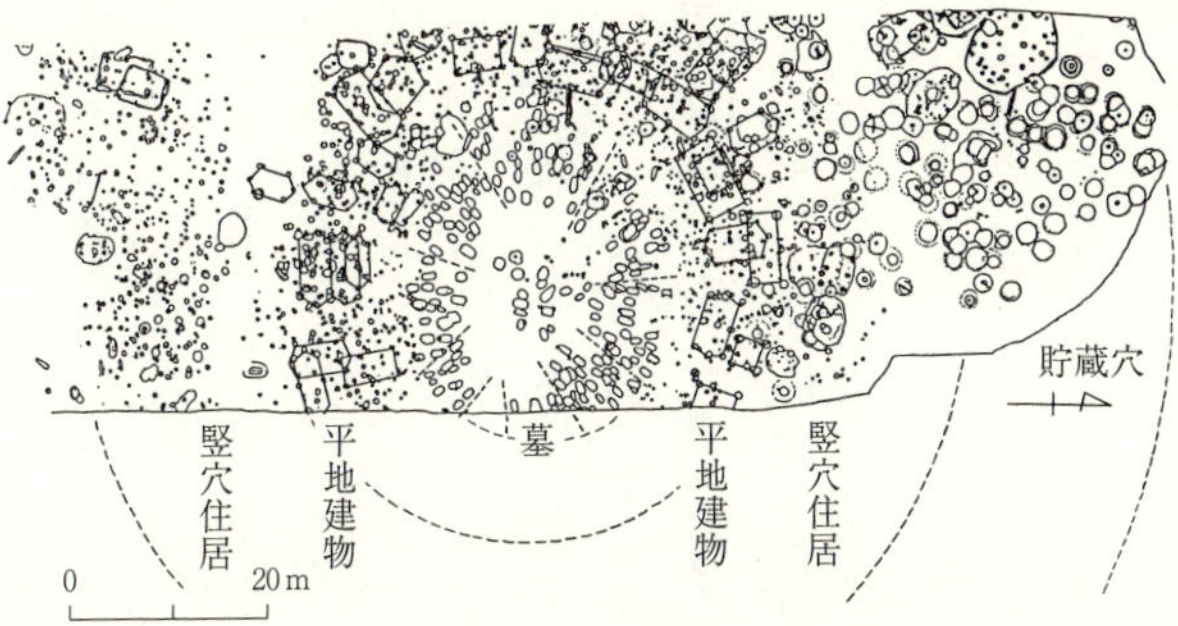

図 1-13　岩手県西田遺跡の環状集落

かつて、環状集落の中央がムラ人の共同空間たる広場をなす、縄文時代前期の環状集落の典型とみなされた横浜市南堀《みなみぼり》遺跡でも、一九八〇年代の再調査で、中央空間には多数の墓が営まれており、西田遺跡と同様であることが明らかになっている。ただし、青森県三内丸山遺跡のように、東北地方北部では住居や建物が直列状に並ぶ形態がむしろ一般的な場合もあるし、西日本では住居数基からなる小規模集落が縄文時代をとおして主流であったように、地域ごとに大きな変異があることには留意しなければならない。

それでは、集落どうしはどのような分布状態にあるのであろうか。谷口康浩は、もっとも綿密な調査が行なわれている武蔵野台地の縄文時代中期の集落遺跡の分布を分析して、環状集落のような長期間継続して営まれた集落は平均九キロメートルあまりの間隔にあり、各集落の領域は平均六三平方キロメートルであることを見出した（谷口康浩「縄文時代集落の領域」）。それぞれの領域内には、台地・低地・

谷・河川など多様な地形環境があり、そして各種動植物の生息・成育環境がそろっており、四季の食料採集活動をバランスよく配置することによって、継続して集落が存続しえたのである。もちろん、食料資源だけでなく、家屋の建設や修理に要する資材、木製容器や籠をつくるための木材や蔓草の類、土器を製作するための粘土やそこに混ぜ込む砂など、日常生活を維持するために必要な物資のほとんどは、この領域内で入手できた。しかし、すべてが領域内でまかなえたわけでない。

物資の広域流通

旧石器時代に黒曜石が広範囲に流通したのと同じように、縄文時代にも物資の広域流通が認められる。環状集落が隆盛をきわめる縄文時代中期の中部・関東から東北地方南部にかけての集落遺跡で、ヒスイ(硬玉)製の鰹節形大珠《たいしゅ》が出土する。富山県朝日貝塚出土例の全長一五・八センチメートルなどがもっとも大型の部類で、六〜八センチメートルほどのものもある。その名のとおり鰹節のような形で、ほぼ中央に円筒形の紐穴が穿たれ、首からぶら下げて胸元を飾る装身具である。濃緑色〜白色を呈するヒスイは、硬度六・五〜七の鉱物で、新潟・富山両県の県境付近にかぎって産出する。原産地周辺にある新潟県糸魚《いとい》川《がわ》市長者ヶ原遺跡・寺地遺跡や富山県朝日町境A遺跡などで集中的に製作され、製品がそこから数百キロメートル離れた地域までもたらされている。縄文時代後期から晩期になると、直径一センチメートルに満たない小玉の類になるが、さらに遠隔地の東北地方北部から北海道の石狩低地までもたらされ、墓地で死者が身につけた状態で発見される。これらの遺跡ではヒスイ玉類以外にも、この地域特産の蛇紋岩《じゃもんがん》を用いた美麗な磨製石斧も多数製作され、一〇〇キロ圏を越えて搬出されている。東京国立博物館に栃木県那須地方出土と伝えられる、濃緑色のヒスイ製の玉斧《ぎょくふ》があるが、これもヒスイ大珠と蛇紋岩石斧を同時につくる地域でのみつくりえた製品である。

ヒスイや蛇紋岩製品だけでなく、産出地がかぎられる物資が、遠隔にまで流通する事例は、縄文時代にはいくつもあげることができる。縄文時代中期から晩期までの東北地方から新潟県・北海道南部までの遺跡では、石鏃《せきぞく》（石のやじり）の矢柄《やがら》や鹿角製銛の柄に装着する部位に、天然アスファルトが付着した例が多数知られている。接着剤ないし膠着材《こうちゃくざい》として用いられたもので、携帯用石製ナイフ（江戸時代以来の伝統で石匙《いしさじ》と呼ばれる）の紐を結ぶ部位や、手足が折れた土偶を接合する場合などにも用いられる。この天然アスファルトは、現在でも新潟県胎内《たいない》市に、地上ににじみ出ている地点が知られており、新潟県北部から秋田県沿岸部まで数カ所ある産出地から、縄文時代に採集され、太平洋側までひろく流通した。

また、食と関係する物資でも、塩がかなり広範囲に流通した。関東地方では、茨城県南部の霞ヶ浦沿岸にある法堂《ほうどう》遺跡や上高津貝塚などでは縄文時代後期後半から晩期初めまで、東北地方では松島湾沿岸の里浜《さとはま》遺跡や二月田《にがで》遺跡などで縄文時代晩期から弥生時代中期まで、土器を用いた製塩が知られており、製塩作業を行なった遺構も確認されている。しかし、製塩土器自体は、関東では関東平野一円にひろがり、東北でも宮城県山王囲《さんのうがこい》遺跡や山形県宮ノ前遺跡、新潟県上山《うえのやま》遺跡まで発見されている。塩は放置すると空気中の水分を吸収して溶解する潮解性という性質があるために、溶解した場合は火にかけて水分をとばせるよう、江戸時代でも塩壺にいれたまま流通させている。したがって、海に面さない、単発的にしか製塩土器が出土しない遺跡の分布によって、縄文時代における塩の流通範囲を知ることができる。

このように、産出地や生産地が限られる物資が数十~数百キロメートルもの遠隔地にまで流通する事例はいくつも上げることができ、さらに現在の私たち考古学者が知ることができないものも相当数あると予想される。縄文時代は、個々の集落が領域内で日常的に食料や必要物資を確保するとともに、隣接する集落どうしのネットワークをとおして、しばしば遠隔地から各種の物資や情報を入手していたとみられる。

このように隣接地域どうしが物資や情報の交換、人の往来などで相互に結びつく関

縄文文化の範囲

係は日本列島全域におよび、さらに北部九州は海峡を挟む朝鮮半島、北海道はサハリン方面ともつながりをもっている。例えば北部九州では、縄文時代前期の曽畑《そばた》式土器が朝鮮半島の櫛目文《くしめもん》土器と似た文様と器形をもっており、中期には韓国・釜山《プサン》市の東三洞《トンサンドン》貝塚と熊本市阿高《あだか》貝塚できわめて珍しい貝製の仮面が出土し、後期から晩期にかけては海峡を

挟んだ両側に、大型の複合釣針や、伝統的に石鋸《いしのこ》とよばれる打製石器と石銛とを組み合わせた漁撈具がともに分布する。また、北海道の縄文時代早期の石刃鏃《せきじんぞく》という石器は、アムール川流域やシベリア方面からの文化的影響とみられるし、逆に北海道の白滝産の黒曜石がサハリンから沿海州方面にまで運ばれているという報告もある。

こうした事実から、当然、縄文文化のひろがりをどのように理解すればよいのか、という疑問が出されるであろう。本章2節の冒頭(一三頁)で、縄文文化は、完新世になって日本列島に現われた新たな生態環境に適応した文化であると定義した。この定義には、日本列島という地理的ひろがりが前提としてもぐりこんでおり、考古学的文化とはいえ、定義としては適切ではない。むしろ、貝塚の形成とか、あるいは土偶や石棒《せきぼう》などの宗教的儀礼用具をもつとか、より具体的な考古学的な事実にもとづいて縄文文化を定義して、そのひろがりを追えばよい、という意見もあろう。しかし、そうした特定の遺物や遺構をもって縄文文化の全体を定めることは困難である。

あえて考古資料をとおして縄文文化の範囲を定めるとするなら、ある地方で一時期に製作された一定の特徴をもつ土器群をもとに土器型式を設定し、その相互関係を追うしかないであろう。かつて山内清男は、文様帯系統論という手法で各地の土器型式を追跡すると、相互に関連し合う状況がつかめ、その結果として縄文土器という大きなまとまりがつかめることを示した

(山内清男「文様帯系統論」)。この方法によれば、沖縄本島の荻堂《おぎどう》式・仲原《なかばる》式といった土器型式は九州の市来《いちき》式・黒川式土器と系統関係をもっており、それぞれ縄文時代後期・晩期とみなしてよい。しかし、遠く離れた同時期の関東や東北の土器型式と沖縄本島の土器型式を直接比較しても、その影響関係を見出すことは困難である。

土器型式をこのように考えるのと同じように、隣接する地域の考古資料の諸特徴を比べると互いに類似点が多いが、遠隔地どうしを比べると、むしろ相違点が少なくない。縄文文化は、それぞれの生態環境に適応した地域文化が相互に関連し合う連鎖としてのみ、全体を把握できる、きわめて緩やかな結合体である。縄文時代は約一万年もの長期間におよぶものの、「縄文文化が一万年間永続した」と考えるのは適切ではなく、「完新世の日本列島に現われた新たな生態環境に適応した諸地域文化を、緩やかに縄文文化とくくって理解する」というべきである。

4　縄文時代はなぜ終わったか

分散化する後・晩期の集落

後・晩期になると、縄文時代を特徴づける環状集落や大規模な集落は、青森県風張《かざはり》(1)遺跡や福島県南諏訪《みなみすわ》原《はら》遺跡・新潟県藤平《ふじだいら》B遺跡など実例が少なくなり、むしろ住居数基からなる小規模集落が圧倒的に多くなる。さらに関東・中部地方などでは、縄文晩期後半になると、竪穴住居跡がみつかる例はきわめて乏しくなり、遺物量も激減する。これは、中期段階では、ともに環状集落を営んでいた集団が、その領域内で産出する物資だけでは生活を持続することが困難になったために、より分散して生活することで生計を維持するようになり、また相対的に移動性が高まる状況になったことを反映したものと考えられる。

こうした、中期段階には均衡していた人間集団規模と領域内資源とのバランスが崩れはじめるきっかけとして注目されるのが、気候の寒冷化である。さきに、完新世の気候の温暖化のピークは縄文前期前半であることを述べたが、それ以後徐々に寒冷化が進行した。縄文海進のピーク以後、海が次第に後退し（海退という）、これにより沖積地の環境が大きく変動し、それを領域内に抱える縄文時代の人びとの生活も修正を余儀なくされることになる。

辻誠一郎によると、遺跡の発掘調査で得られたデータから地形環境や花粉群の細かな変遷を追跡してみると、この小海退によって日本各地の沖積低地に次第に土砂の堆積が進み、そのために台地を刻む谷地形が沖積低地から遮断されて、独立した環境区となる。そうした低地や谷に、新たにトチやケヤキなどの落葉広葉樹やハンノキとヤチダモからなる湿地林が成立する。一方、台地やその縁辺には、スギやカシ類が分布を拡大する様子が読み取れるという（辻誠一郎「自然環境」）。こうした生態環境の変動が、中期以来の一定領域内の環状集落の維持を困難とし、新しい環境に適応するために集落自体は分散せざるをえなかった。

儀礼の複雑化

こうした環境変動やこれに伴う集落の小型・分散化傾向と併行して、宗教儀礼にかかわる遺構や遺物、行為が目立ってくる傾向があることも注目される。縄文時代中期にも、男性性器をかたどった巨大な石棒や、乳房や妊娠線など女性的表現が明確な土偶が多数つくられるが、後・晩期にはいっそうそれが顕著となる。東北地方では遮光器土偶《しゃこうき》、関東地方ではみみずく土偶とよばれる、全身が煩雑なまでに装飾された土偶が盛んにつくられ、一遺跡で一〇〇点以上も集中して出土する場合がある。後期から晩期にかけて、土偶は東日本のみならず近畿や九州でも多数出土する遺跡が認められ、土偶を用いる宗教儀礼の広範なひろがりを知ることができる。

こうした宗教的器物だけでなく、人の身体に対してまでも儀礼行為が施される。抜歯習俗の本格化である。世界各地に、成人や婚姻などの通過儀礼に伴って、他人から視認できる範囲の歯を人為的に抜き去る風習が知られている。縄文時代でも前期から中期にかけて少数認められるが、後期中頃以後、飛躍的に施行率が高くなる。健全な状態の上・下顎の切歯(前歯)や犬歯を抜いており、麻酔措置などしないであろうから壮絶な痛みを伴うはずである。こうした厳しい儀礼行為を経て子供から大人の世界へ、また婚入先の集団の構成員として認められる。そして、ふだんから口元をみれば、成人か否か、婚姻の有無や出自などがだれにもわかり、それは生涯消えることはない。縄文晩期には男女を問わず集落成員のほとんどがこうした儀礼行為を受けている。また、東海から近畿地方までの九遺跡から、抜歯に加えて、上顎切歯四本前面に一、二条の溝を彫り込んでフォーク状にする叉状研歯《さじょうけんし》という習俗もひろがっている。一遺跡で数例しかないことなどから、儀礼の執行者など集団内で特異な役割をになった人物に施されたとみられている。

生前だけではない。死後にも儀礼は執行される。東日本では弥生時代の前半期により発達するが、そのさきがけとして縄文時代後・晩期に、死者を再葬する事例が増えてくる。例えば、長野県保地《ほぢ》遺跡では一カ所に一九体以上の遺骸が埋葬されるが、まず最初に二体が伸展葬され、次いでそのすぐ上に白骨一〇体以上と一体の伸展葬を葬り(図1-14)、さらにその上に石敷きを設けて三体埋葬し、その後に三体の合葬墓を脇に設けている。次々に発生する死者を同一地点に順次重ねて埋葬し、その途中に、最初は他の地点に埋葬した遺骸を持ち寄って頭蓋骨を整然と並べて再埋葬し、さらに後続の死者をその場に埋葬しつづける。分散居住する同族たちが、死者だけは同一の場に集積し、ときにはいったん葬儀を終えた死者をもそこに集める。その際におそらくは祖先を仲立ちとして集団を取り結ぶ儀礼が行なわれたに違いない。葬儀の場は、現代においてもそうであるように、死者を介して生き残った人びとどうしを結びつける場として機能した。死者は時には二度にわたる葬送儀礼をとおして祖先への道をたどり、その執行に

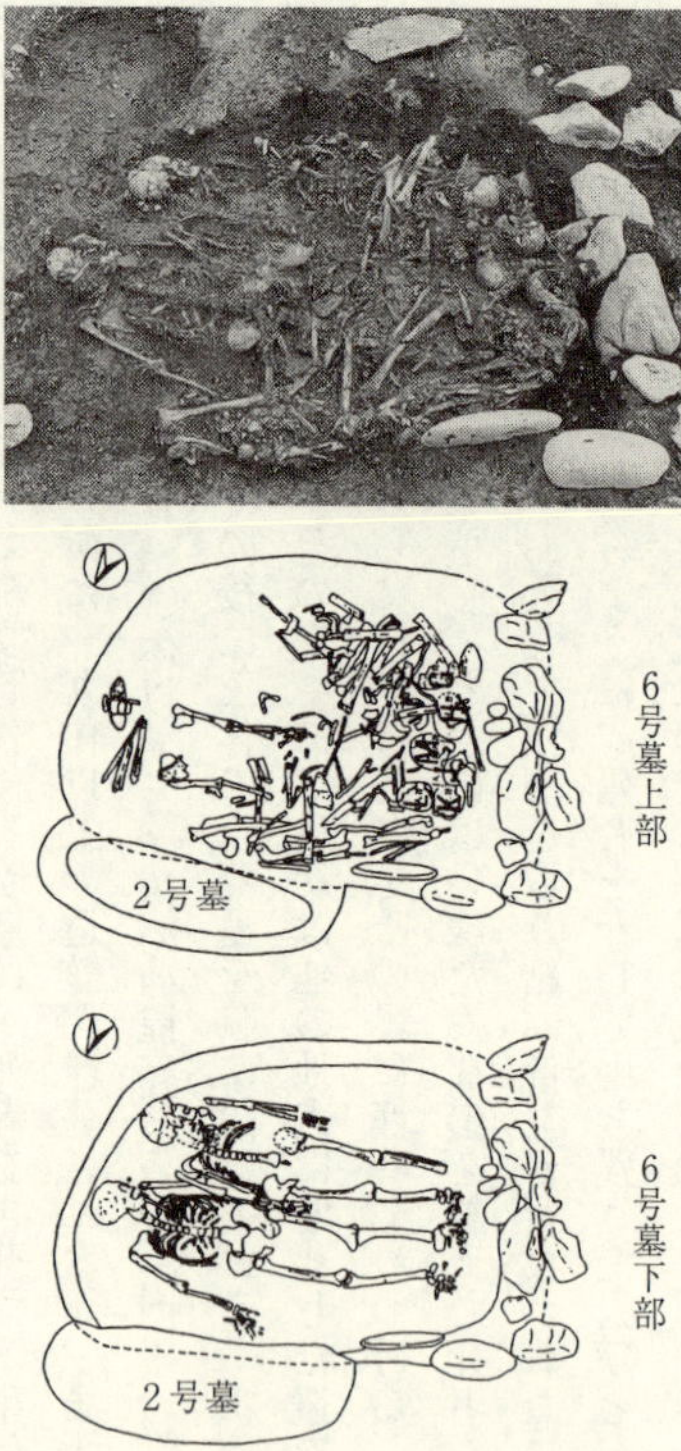

図 1-14　長野県保地遺跡の継続的多数埋葬．左に頭を向けた2体の合葬(6号墓下部)ののち，その足もとの上に9個の頭蓋骨と10体以上の四肢骨を重ねる(6号墓上部)．さらにその後も3体ずつ2回にわたってこの上に埋葬が行なわれる

立ち会う生者たちの関係が維持される、そうした儀礼が徐々に普及していった（石川日出志「再葬の儀礼」）。

　このように、生者と死者をめぐる儀礼が盛んになり、土偶や石棒・石剣などの人類の生殖・繁栄機能を象徴する儀礼用具が、縄文後・晩期に著しく発達することは注目される。これは、縄文時代中期にできあがった社会の仕組みが、寒冷化を主たる原因としてそのままでは存続が困難となったことへの対応とみられる。ふだんは分散して生活するようになった人びとが、非日常的な儀礼を繰り返すことを通して内面的な結合を維持することによって、「社会」が保持される状況となった。

食料獲得の多角化

同様の格闘は、生業面でもひろく行なわれたと思われる。縄文中期から弥生時代へと徐々に進行する気候の寒冷化と、それに順応するために集落規模を縮小する状況は、これまではマイナスの変化とみられてきた。しかし、むしろそうした負の環境のもとにあって、中期までとは異なる生活の仕組みを編み出そうとした、次なる展開への模索・格闘の蓄積として、プラスに評価しようという見解も現われてきた。

例えば佐々木由香は、縄文中期から後・晩期へと食用植物の中心が、利用が容易なクリからアク抜きという手間を要するトチへと移る状況を、これまでは「衰退したイメージ」で語ってきたことを批判する（佐々木由香「縄文から弥生変動期の自然環境の変化と植物利用」）。実際には、後・晩期にもクリ利用は持続しており、むしろクリにトチの実が加わることで植物利用が多角化しているのであり、それではじめて気候の寒冷化に適応することが可能となったと評価するのである。もちろん、縄文中期から後・晩期になると、集落規模の縮小や分散居住が進行し、さらに晩期後半から弥生中期初頭までは遺跡規模の縮小と分布密度の低下は著しいから、気候の寒冷化は当時の人類の生活形態に厳しい影響を与えたことは確かである。しかし、そうした環境での生業戦略こそが次の時代を切り開く条件や、新しい生業を受け入れる条件をつくり出した可能性を考えるのである。先述のように(三四〜三五頁)、レプリカ法で次第に明らかにされつつある縄文時代後半期の多角的な植物利用が、雑穀を組み合わせた生業形態を受け入れる準備となり、さらにそこに灌漑《かんがい》稲作が導入されるという二〜三段階を経て、弥生時代への転換が可能となったと考える。

縄文時代の終焉と朝鮮半島

このようにみてくると、縄文時代の終焉や弥生時代への移行の問題も従来とはやや異なった見方ができるかもしれない。戦前は、縄文時代の文化の担い手と、弥生時代文化および古墳時代文化の人びとは、まったく異なる人間集団、というよりも異なる民族集団とみなす説明がされてきた。戦後は、その反省に立ちながらも、縄文時代という狩猟採集経済の矛盾の克服として、稲作という新たな生業方式が採用され、劇的な歴史転換が達成された、という考え方が長らく支持されてきた。しかし、そもそも縄文時代の文化と弥生時代の文化を、本質的に異なる文化と認識すること自体が実態とはそぐわないのではないだろうか。かつて、縄文後・晩期と弥生前期以後の文化に大きな差異が認められたのは、その間をつなぐ縄文時代晩期後半もしくは弥生時代早期の段階の資料がほとんど知られていなかったからである。最近二〇年間の発掘によって、九州でこの段階の資料が蓄積されてくると、明瞭に連続することがわかってきた。

ここで注目したいのが朝鮮半島の状況である。縄文後・晩期の厳しい環境に適応するなかで、食料を主とする資源の多角的利用が進行していたちょうどその頃、朝鮮半島でも、ムギやアワ・キビなどの畠作農耕が急速に普及しはじめていた。朝鮮半島のこの動きも当然ながら環境変動への生業適応として進行したものにちがいない。縄文後・晩期には、九州と朝鮮半島の間には、外洋に適応した漁撈形態である複合釣針や石銛が共有されているように、海峡を挟んで漁撈を担う人びとが日常的に往来していた。

かつて、朝鮮半島では、縄文時代と併行する櫛目文土器時代(新石器時代)から、弥生時代と併行する無文土器時代(青銅器時代)へと、劇的な生業の転換が起きたと考えられていた。櫛目文土器時代は、智塔里《チタンニ》遺跡などでアワやヒエなどの栽培植物と鞍形磨《す》り臼や磨り棒という製粉具が出土していることから、畠作がはじまりながらも限定的であったのが、無文土器時代になって一気に水田稲作に転換したと考えられてきた。しかし、近年、日本列島の縄文時代後期末~晩期に併行する無文土器時代早・前期の遺跡の調査が盛んに行なわれた結果、この段階は、ムギ・アワ・キビ・マメなど各種雑穀類を多角的に栽培する畠作中心の農耕形態であることがわかり、慶尚南道大坪里《キョンサンナムドテピョンニ》遺跡などでは広大な畠遺構も検出されている。灌漑稲作に転換するのは、日本列島の弥生早期から前期初めに併行する無文土器中期(松菊里《ソングンニ》期)から判明しつつある。朝鮮半島と九州では、灌漑稲作に先立って行なわれた雑穀栽培に顕著な違いはあるものの、環境変動に適応するように、朝鮮半島でも日本列島でも食料資源の多角化や雑穀栽培の導入を行なう段階を経て、ある段階に灌漑稲作が本格化する過程をたどるようである。それを可能としたのは、縄文時代後・晩期の海峡を挟んだ地域どうしの相互交流の蓄積であった。

このように、縄文時代文化から弥生時代文化への移行は、きわめて緩やかに進行したとみるのが順当である。縄文文化と弥生文化を対立的に考える二〇世紀初頭以来の枠組みは、すでに過去のものとみるべきである。

第二章　弥生時代へ——稲作のはじまり

1 「初めに板付ありき」

前章で述べたように、縄文時代の文化とは、今から約一万年あまり前、更新世から完新世へと温暖化が進行する過程で新たに形成された日本列島の複合的な生態系に、見事に適応したものであった。森林や海が育む豊富な資源を、季節ごとに集中的に獲得しながら通年にわたる食料を組みたて、資源の枯渇を防ぐ仕組みも構築していた。人間と資源のバランスが崩れれば、人間の側が生活の仕組みを変えて対処する。縄文時代の各地の社会もそれぞれの地域環境によく適応した生活形態をつくり上げた。しかし、紀元前一〇〇〇年紀前半に大陸から灌漑技術を伴う稲作が導入されて、本格的な農耕社会が成立しはじめる。稲作を食料獲得活動の根幹に据えたことにより、社会の仕組みも大きく変貌していくことになる。弥生時代のはじまりである。

これから弥生時代の姿を描くにあたり、まずは「弥生時代」というひとつの時代が認識される経緯から紹介することとしよう。

なお、弥生時代の開始年代は、国立歴史民俗博物館(歴博)が二〇〇三年に「放射性炭素年代測定値を年輪補正すると、従来の紀元前四、五世紀からさらに約五〇〇年遡る」と発表して以来、賛否両派の議論が続き、いまだに決着していない（春成秀爾ほか『弥生時代の実年代』）。筆者は、従来の年代値は研究史上の経緯から抑え気味のものであり、いっぽう歴博の主張する前一〇世紀は古すぎるとみる。本書では、紀元前の一〇〇〇年間の前半のどこかという、揺れ幅のある年代値とするにとどめる。

「弥生式土器時代」から「弥生時代」へ

そもそも「弥生時代」という時代名称は、縄文時代と同様に、「弥生式土器が使われた時代」を指す語であった。

一八八四（明治一七）年に現在の文京区の東京大学裏手にある弥生町向ヶ岡貝塚から一個の壺が採集された。最初に「弥生式土器」の語が登場するのはその一二年後だが、その間の確かな経緯は定かではない。最近明らかになったところでは、一八九三年に、現在の北区西ヶ原遺跡群御殿前《ごてんまえ》遺跡の地に農事試験場が設立された際に三点の土器が出土し、これを弥生町の壺と同類だと認めて弥生式土器の愛称がついたようである。そして一八九六年になって、弥生町から程近い「巣鴨町駒込一三番地」に住み、彩色写真で生計を立てていた蒔田《まいだ》鎗次《そうじ》郎《ろう》という人物が、自邸内に塵穴を掘った際に同種の土器群が出てきた。その発掘の応援にきた東京大学人類学教室の面々がそれらを「弥生式土器」とよんだのである。

ところが、蒔田の考古学的眼力は人類学教室の面々よりも優れており、現在の北区田端駅周辺の遺跡を自ら発掘しながら、弥生式土器が石器時代の土器（現在の縄文土器）や古墳から出てくる土器とは異なる一群と確信する。縄目や文様はあるが、石器時代の土器より縄目は細かく、文様は簡素で、文様のある土器が縄文土器より少ない。いっぽう、古墳から出る埴輪《はにわ》の三角文様と同じ図形は弥生式にもあるが、古墳から出てくる須恵器《すえき》や素焼きの土器が丸底なのに弥生式は平底でイチジク形が多いとか、いくつかの特徴で弥生式土器が石器時代の土器と古墳時代の土器や埴輪との中間に位置すると主張した(蒔田鎗次郎「埴瓮と弥生式土器の区別」)。

この蒔田の主張は、人類学教室から批判が相次いだが、蒔田は自ら田端界隈を発掘した成果をもとに、逐次反論した。やがて石器時代土器と古墳出土品との中間的な特徴をもつ弥生式土器は、九州から東北地方まで類例が報告されるようになる。また、縄文時代とは異なる独特の磨製石器や青銅器・鉄器が伴うこともわかり、縄文時代と古墳時代の間の独立した一時代をなすと判明する。

一九一〇〜二〇年代になると、その弥生式土器をつくり使ったのはどのような人びとなのかが話題となった。東アジア各地を調査した経験をもつ鳥居龍蔵や浜田耕作は、先住民である縄文時代の人びととは異なる、新たに大陸から渡来した人びとの文化であると論じた(鳥居龍蔵「畿内の石器時代に就て」、浜田青陵『東亜文明の黎明』)。

一方、一九三〇年代に入ると、のちに縄文学の父ともよばれる山内清男は、縄文式土器の詳細な検討を通して、弥生式の文化は、大陸に由来する文化要素が明瞭だが縄文時代の文化から連続するものであり、新たな民族集団の渡来ではなく、むしろ稲作農耕の開始をもって弥生時代とみなすべきだと主張した(山内清男、前掲vii頁)。山内説は断片的なデータにもとづくもので当初支持者は少なかったが、それまでたびたび弥生式土器が採集されていた奈良盆地のほぼ中央にある唐古《からこ》遺跡が、一九三七年に三カ月にわたって発掘調査され、炭化米とともに鋤・鍬など多数の水田耕具が検出されて、弥生時代が水田稲作の時代であることが実証される。

さらに一九四三(昭和一八)年になると静岡市郊外の登呂《とろ》遺跡で集落跡がみつかり、戦後の一九四七～五〇年に本格的な発掘調査が行なわれ、一二基の住居と二基の高床倉庫からなる居住域と、これに付随してひろがる水田跡が検出された。これによって、弥生時代は水田稲作による農耕の時代であることがひろく承認されるようになった。

「初めに板付ありき」

しかし、それだけでは弥生式の文化はどこでどのようにして成立したかはまだ定まらない。そこで、登呂遺跡の調査の過程で設立された全国学会である日本考古学協会では「弥生式土器文化総合研究特別委員会」を組織して、弥生式の文化の成立と波及の過程を解明するために、北部九州から名古屋界隈までの主に弥生時代前期の遺跡の調査を行なった(日本考古学協会『日本農耕文化の生成』)。そして一九五一～五四年に福岡市板付《いたづけ》遺跡で出土した板付I式土器が、当時もっとも新しい縄文式土器と考えられていた夜臼《ゆうす》式土器を伴うことから最古の弥生式土器とされた(図2-1)。また炭化米と収穫具である石庖丁な

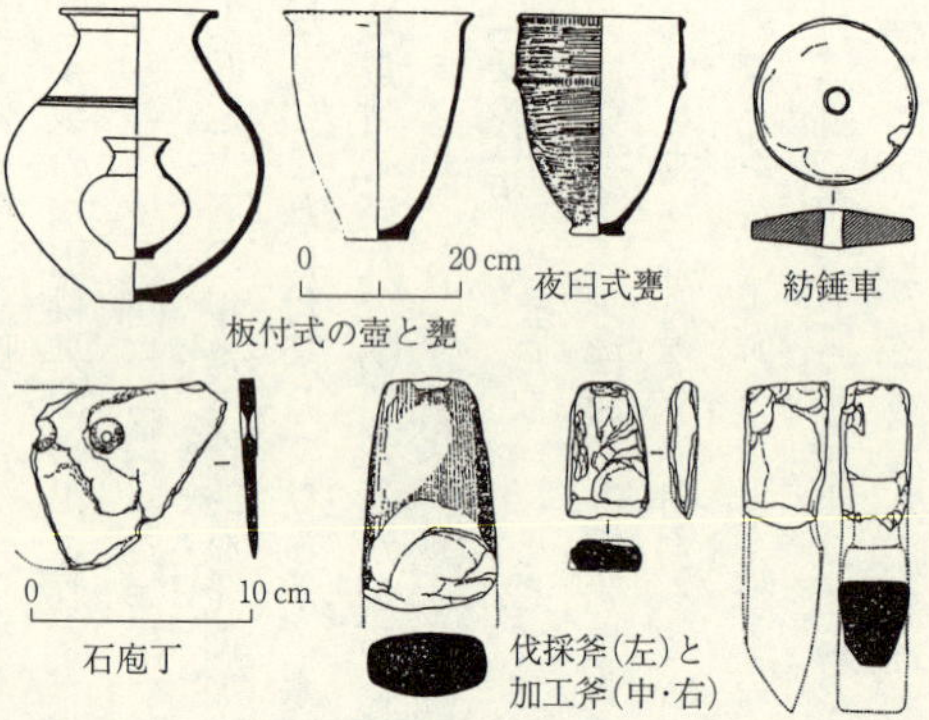

図2-1　1951～54年の板付遺跡の調査で出土した遺物群

どが伴い、当初から稲作農耕の社会であることや、土製紡錘車の出土から機織り技術もあること、居住域のまわりに大溝がめぐることも判明した。この調査によって、弥生式土器文化、略して弥生文化は、北部九州で形成され、東方へと急速に分布を拡大して行く図式、すなわち「初めに板付ありき」という合意が形成された。

ところが、それから二〇年あまりが経った一九七七～七八年になってふたたび板付遺跡が調査され、どの段階から弥生時代とみなすかに見直しが求められるようになる。この年次の調査は、集落域の西側低地一帯が対象とされており、板付I式土器を伴う水田跡が検出されたが、さらにその下層から縄文式土器である夜臼式土器のみを伴う灌漑水田跡がみつかったのである。そのために、すでに縄文時代に灌漑水田が営まれていたとみる考えと、稲作の開始をもって弥生時代のはじまりとする原則を採用して、従来縄文時代晩期後半とみてきた夜臼式土器の段階を弥生時代に改めて早期とみなす、という二つの見解が出され、論議された（藤尾慎一郎「縄文から弥生へ」）。現在も見解が完全に一本化されたわけではないが、灌漑水田の導入をもって弥生時代の開始とみる見解がひろく支持されている。このことは土器自体から縄文時代と弥生時代を区分することは困難であることを意味するとして、弥生式土器から「式」を省いた弥生土器の語が普及していくこととなった。

縄文時代の稲作？

それでは、今後の調査で縄文時代の遺跡から稲作の証拠がみつかれば、ふたたび弥生時代の開始を遡上させるのか、という心配もあろう。実際、これまで縄文時代後期や晩期の土器に籾痕が付着したという報告例がいくつもあり、「縄文時代にすでに稲作あり」という主張も出されている。しかし、先述のように、これまで肉眼観察で後期末の土器についた籾痕と判断されてきた熊本県ワクド石遺跡の事例は、その圧痕をシリコンで型取りして顕微鏡観察してみるとむしろマメ類のへそであるとわかり、ほかの事例も稲籾とは断定できないという報告が相次いでいる（中沢道彦ほか「レプリカ法による熊本県ワクド石遺跡出土の種子状圧痕の観察」など）。縄文後期後半の確かな籾痕とされてきた岡山県南溝手《みなみみぞて》遺跡の例は、籾痕であることは確かではあっても、土器の形態や器面調整の特徴からみて夜臼式併行の土器とみるべきで、出土層位の点でも縄文後期と判断するのは難しい。二〇一〇年現在、縄文時代の稲作に関する確かな考古学的証拠はない、というのがもっとも慎重な判断であろう。

なお、この問題についてはＤＮＡ考古学の成果についても一言しておくべきであろう。佐藤洋一郎は、イネの塩基配列パターンをもとに、日本列島には主流である温帯ジャポニカだけでなく熱帯ジャポニカも存在することを根拠に、弥生時代に先行して熱帯ジャポニカが日本列島に渡来した可能性を主張する(佐藤洋一郎『DNA考古学』)。しかし、この場合に注意したいのは、佐藤が用いるのは弥生時代以後の資料を分析して得られたデータであって、縄文時代の資料自体の分析による見解ではないことである。

私たち考古学者が発掘調査によって入手して研究対象とする資料・データの量は、当時存在したはずの一パーセントにもはるかにおよばない。したがって断片的な証拠からでもあらゆる可能性を探るという性格をもっている。それゆえに今後も、縄文時代のイネ資料を探求する取組みは続けられるべきであり、その結果、確かな資料が見出される可能性もある。しかし、確かな資料にもとづく議論と、可能性を探ることとは厳密に分ける必要があり、確実さの保証のない議論には慎重でありたい。

2 米はどこから来たか

稲作の起源地

弥生時代社会の基盤となった稲作はどこではじまったのであろうか。イネという植物は亜熱帯性の植物であり、日本列島には自生しないから、当然大陸のどこかで野生種のイネの栽培がはじまり、日本列島にもたらされたはずである。この稲作起源地については、農学などの分野からインド東部〜インドシナ半島のいずれかの地であろうとする意見が出され、そのなかで有力視されていたのがインドのアッサム地方から中国の雲南地域にかけての一帯である。しかし、一九八〇年代になって中国の長江中・下流域を起源地とみる見解が出され、考古学界では定説化した（陳文華ほか編『中国の稲作起源』）。これは、国家形成論とともに、解放後中国考古学界のもっとも重要な成果のひとつといってよいであろう。

一九七三年、浙江省杭州市の東方にある河姆渡《ホムドゥ》遺跡で行なわれた発掘調査で、厚さ四〇センチメートル内外にもおよぶ稲藁・稲籾層とともにスイギュウなどの大型動物の肩甲骨でつくられた鋤先などが出土した。放射性炭素年代測定で、なんと黄河中流域の仰韶《ヤンシャオ》文化に匹敵する今から約七〇〇〇年前という年代値が得られた。その後出土したイネ関係資料を集成すると、長江中・下流域にもっとも古い資料が集中し、周辺に行くに従って年代が新しくなる。文献上に現われる野生イネの分布も復原すると、長江中・下流域こそ稲作起源地域とすべきことが明らかになった。さらに近年では、湖南省北部の八十垱《パシタン》遺跡で約八〇〇〇年前に遡る膨大な数の炭化米が出土している。耕具は確認できないものの、直径二〇〇メートル内外の集落規模からみても、野生イネの採集ではなく稲作による生産経済の段階に達しているとみられる。

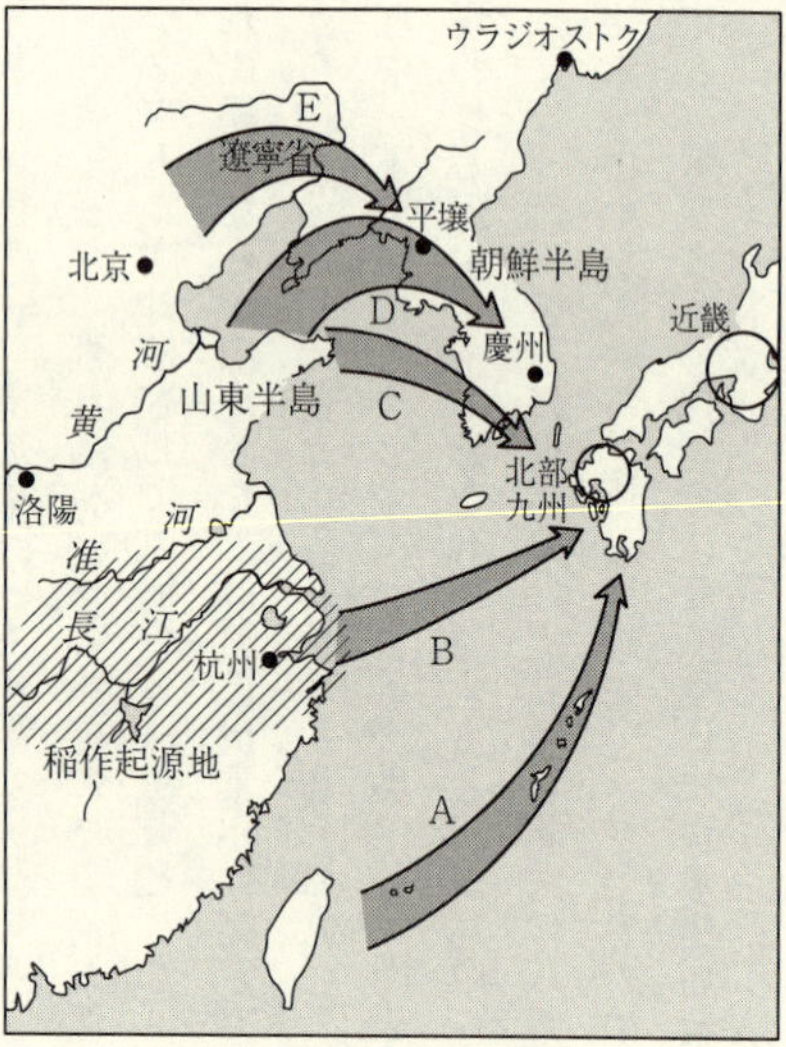

図2-2　稲作起源地と日本列島へのルート

稲作伝来ルート

それでは、長江中・下流域から中国大陸各地に稲作が拡散するとして、イネと稲作技術はそのいずれの地から日本列島にもたらされたのであろうか。これについてはこれまで、A南西諸島経由、B直接渡海ルート、C山東半島〜朝鮮半島経由、D山東半島〜遼東半島〜朝鮮半島経由、E中国東北部〜朝鮮半島経由、の五つのルート案が出されている（図2－2）。

A案は柳田国男のいう「海上の道」ルートとして著名である。しかし、現在までの発掘調査成果では沖縄本島での稲作開始は西暦一〇世紀を遡らないと考えられるので、少なくとも考古学的には成り立たない。B案をとる考古学者もいるが、高床倉庫以外に長江以南と弥生文化の構成要素をむすびつける資料・データは見出すことができず、支持者は少ない（樋口隆康『日本人はどこから来たか』）。また北回りのE案は、弥生時代に特徴的な石器群が朝鮮半島から中国東北部と関係するという所見に農耕起源が重ねられた見解であり、戦後しばらく漠然と支持されたが具体的な稲作関係資料で裏づけられたわけではない。

現在のデータとの整合性の点では、C案かD案が妥当と考えられる。さきほど述べたように、日本列島でもっとも古い弥生早期の灌漑水田跡は福岡市板付遺跡・野多目《のため》遺跡などで検出され、それ以外の遺跡でも水田跡こそ検出されなくとも鋤・鍬などの木製農具や、石庖丁とよばれる穂摘み具、木製農具の製作に用いる伐採・加工用の斧類が確認できる。そして、このうち水田跡の構造や、穂摘み具・斧類の特徴は朝鮮半島南部と共通点が多く、さらにこれらの穂摘み具と形態上類似する資料は朝鮮半島北部から遼東半島方面にまで年代を遡りながら追跡できる。また、中国の伝説上の王朝である夏《か》と目される二里頭《エリトウ》文化相当の時期(紀元前二〇〇〇年紀前半)には山東半島と遼東半島間に文化的なつながりが確認できることや、遼東半島の先端にある大嘴子《ダズイズ》遺跡で炭化米が検出されていることなどから、Dルートで稲作が中国本土側から朝鮮半島へ、さらに日本列島西部へと伝えられたと考えられる。

しかし、炭化米が検出されたといっても、遼東半島は気候などから見て水田稲作環境としては十分適した地域ではない。現在のところ具体的な考古資料を根拠に挙げて説明するのは難しいとはいえ、山東半島から朝鮮半島西海岸へのCルートも有力視されている。

ただし、C・Dルートが有力だとしても、ある集団がこのルートを一気に移動して稲作技術を日本列島にもたらしたわけではないことには注意したい。隣接地域間でリレー式に、数百年にもおよぶ長い年月の経過のなかで伝えられたものである。

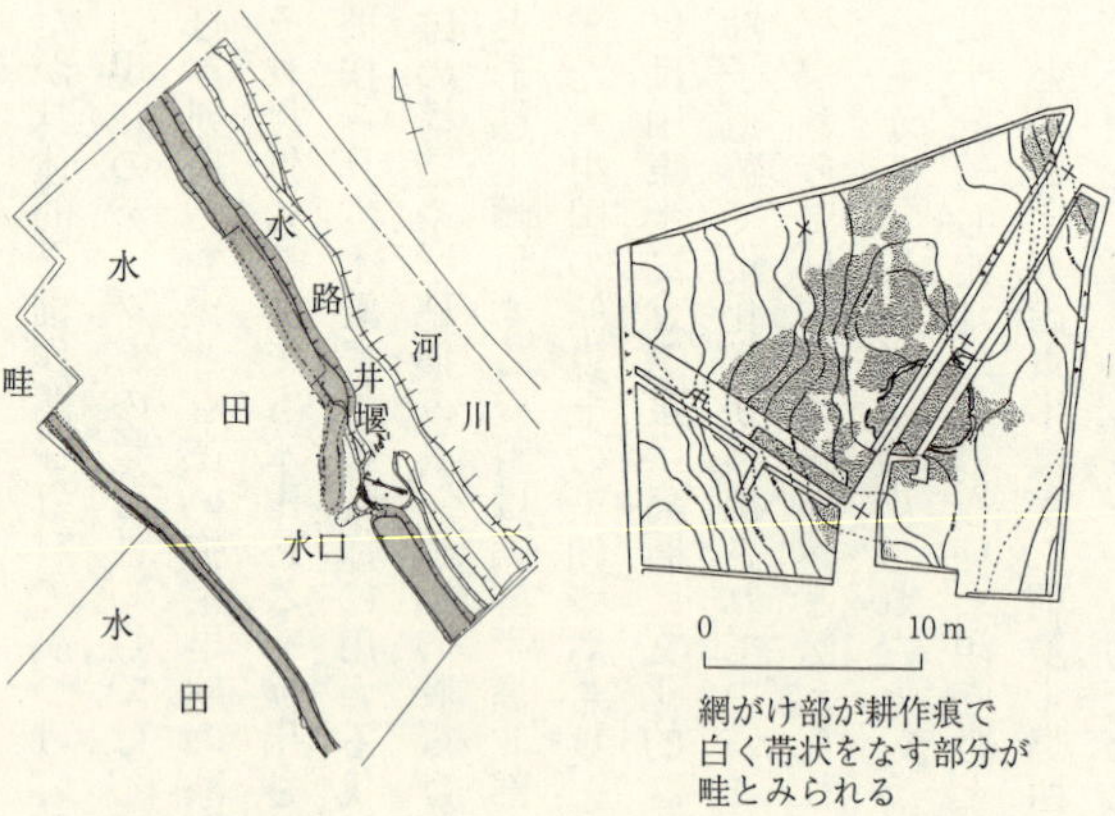

図2-3　初期水田の二つのタイプ．(左)板付遺跡の灌漑水田．(右)坂元A遺跡の水路を伴わない水田

初期水田の二つのタイプ

日本列島で最古の弥生早期に属する水田跡は、さきに挙げた板付遺跡・野多目遺跡のほかに、宮崎県都城市坂元A遺跡でもみつかっている。しかし、両者で水田の構造が相当に異なることは注目される(図2-3)。板付遺跡では、居住域である中位段丘の西側低地部にあり、段丘下を流れる小さな川の水を用いて水田を潤す。この小川の脇に水路を設け、その水路内に堰をつくり、水田に給水する際は堰を塞いで水位を上げて水口から水田に水を引く。また、水田から水を抜くには、水口を開いて、水位を低くした

水路に排水する。野多目遺跡は板付遺跡よりやや高い地形だが谷底低地の一角に用水路を設け、両遺跡とも水路に平行するように一〇×三〇～四〇メートルの規模の長方形をなす水田区画が大きくひろがるようである（田崎博之「福岡地方における弥生時代の土地環境の利用と開発」）。

一方、坂元A遺跡は、畦《あぜ》は検出できなかったものの、耕作痕から水田区画を復原してみると、方形に近いとはいえ形が定まらず、一〇メートル四方あまりの範囲にかぎられる。そして何より水路が併設されていない。湧水や天水を用いる非灌漑型の水田類型とみる見解と、用排水路は設けないとしても溢れた河川水などを利用する灌漑水田の一種とみる意見とがある。

しかし、乾田《かんでん》もしくは半乾田とみられる灌漑水路を付設する前者と、灌漑水路を設けない後者とでは、水田としての開発面積には格段の違いがあることと、水田は導入の最初期から地形条件に合わせていくつかのタイプがあるとみる点では、どの論者も共通する。そして前者の場合、水路の掘削と水田の造成に多くの労働投下が必要であるし、いったん水田経営をはじめると水利や管理などをめぐって利害調整なども必要になってくる。弥生時代の水田は、地形環境の上で可能であれば前者が選択され、困難であれば後者が採用された。そして、こうした水田経営を基本とする生活を採用したことによって、投下される労働の管理や利害調整などをとおして弥生社会は大きくその姿を変貌させることになる。

3 稲作と米食の技術

水田の造成と集落間協業

もう少し具体例をあげて、弥生時代の水田開発の様子をみてみよう。弥生時代前期の水田跡としてもっとも広範囲の調査が行なわれ、開発の様子がわかるのは、大阪府の生駒山西麓にひろがる河内平野にある池島・福万寺遺跡と志紀《しき》遺跡である。現在の河内平野は、縄文海進のピークであった縄文時代前期にはほとんどが河内潟のなかであった。それが次第に北東側から淀川、南東側から大和川が土砂を運んで陸地化し、そこが弥生時代になると水田耕地に絶好な土地として利用される。この二遺跡とも前期中頃には水田が造成されはじめ、前期末〜中期初頭になると池島・福万寺遺跡では三〇〇×五〇〇メートル以上、志紀遺跡では一〇〇〜二〇〇×一〇〇〇メートル以上と、飛躍的に水田の規模が拡大する。南東から北西へと蛇行して流れる河道に沿って大小の畦畔や水路が設けられる。

一方、台地地形が発達する関東から東北南部にかけては、弥生中期後半から後期に下るが、台地を刻む谷地形のなかに灌漑水田を造成した事例が知られている。例えば、群馬県高崎市日《ひ》高《だか》遺跡で検出された弥生後期の水田跡は、幅五〇〜三〇メートルほどの谷筋に水田がつくられている。水はけが悪いために泥土で畦が安定しないからであろうか、小枝を埋め込んで畦をつくる。そうした畦による水田区画は一辺数メートル四方の方形を基本とするが、小刻みに蛇行する谷地形に制約されて、一見したところモザイク状をなす。水田の台地際には水路が設けられて、給・排水される。谷を流れ下る水だけでは不足なのであろう、水田の脇にある小谷の谷頭に井戸を穿っている。地下水は冷たすぎて用水には適さないために途中三カ所に堰を設けて水をぬるめてから水田に給水する工夫をしている。福島県番匠地《ばんしょうち》遺跡にも谷水田の好例がある。

水田と集落の双方がともに検出された実例はそれほど多くはなく、静岡市登呂遺跡は今なお弥生時代を代表する事例である。登呂遺跡は、一九四七～五〇年の調査で弥生後期前半の集落・水田跡とされた。一九六五年の追加調査も加えると、一二棟の平地住居と二棟の高床倉庫からなる居住域の南方に、矢板や杭で区画された水田が南北約四〇〇メートル、東西約二〇〇メートルも広がると分かった。また、最初の本格的調査から約半世紀後の一九九九～二〇〇三年に再調査が行われ、集落は後期初めから中頃まで継続し、水田は古墳時代前期まで存続すると修正された。矢板や杭で区画された水田は古墳時代前期に属することや、他の遺跡は水田一枚が数メートル四方の小規模なのに登呂遺跡は数十メートル四方と大規模な点が不思議であったが、小区画と修正された。こうした修正点はあっても、これほど見事に居住域と水田域を一体としてつかめる例は他にない。中期後半の千葉県君津市常代遺跡では、蛇行して流れる川に堰を設けて取水し、居住域や墓域がのる自然堤防を越える水路を設けて水田に給水する。千葉県

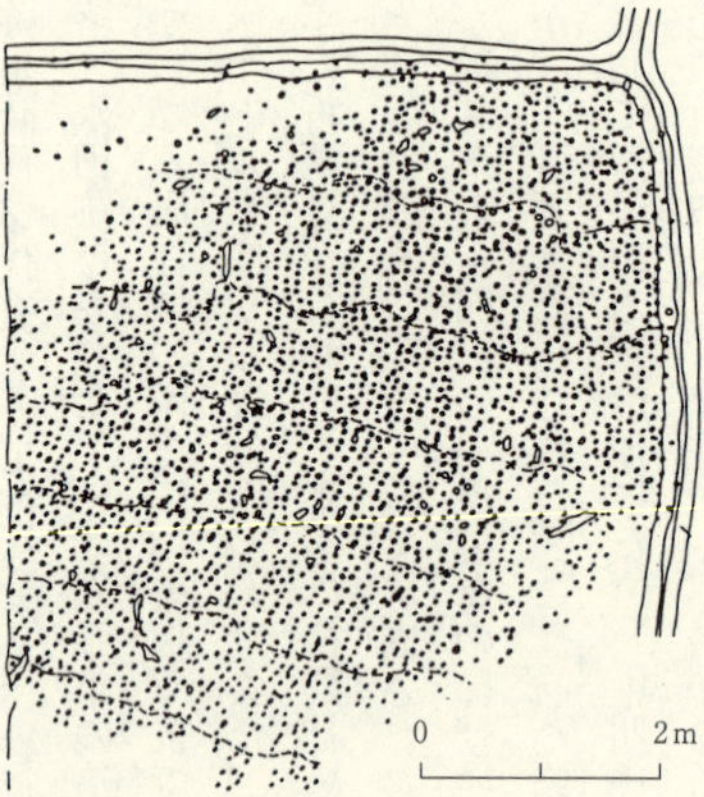

図 2-4　田植えによると思われる稲株跡
(岡山県百間川原尾島遺跡)

の市原台地上には菊間遺跡や菊間手永遺跡などの環濠集落があり、その西方低地部に市原条里制遺跡の水田域がある。

水田耕作と田植え

次に、弥生時代の水田耕作や稲作の実態はどのような内容であっただろうか。水田耕作は、春先に前年使った田の土を打ち鍬で耕す作業からはじまり、給水して田の土を砕いて泥土とし、水田面を平坦に均す作業へと移る。弥生時代の水田耕具はほとんどが刃先まで木製である。鍬を例に取ると、まず最初に硬い土を耕すには、刃の身幅が狭く、肉厚の鍬を用いる。次に、柔らかくなった土を砕いて泥土になれば、薄手で身幅のひろい鍬を用いて耕やし、畦を修復するにも身のひろい鍬を用いて泥を塗りつける。田面を均すにはエブリという刃が横長の鍬を用いる。このように作業が進むにしたがって用いる耕具を替えていく。これら弥生時代の鋤・鍬類の形態と種類は、近現代に至るまで根本的な変化はないほどに、すでに機能分化している。これは、水田が、その地形条件に合わせて多様な姿をみせるのと同様に、弥生時代に導入された稲作技術が、すでに大陸において基本的には完成の域に達していたからに他ならない。田植えが行なわれた可能性が高いことも、このことを立証する。

かつて、弥生時代は、日本列島に初めて稲作が導入されたのだから、水田立地も、水利も、稲作も、原初的な技術段階にあると考えられていた。当然、田植えなどは行なわれず、より素朴な播種によると思われていた。ところが、岡山県百間川原尾島《ひゃっけんがわはらおじま》遺跡の弥生後期の水田では、水田面に深さ数センチメートルで直径一〇センチメートルに満たない無数の窪みがみつかった。その窪み群は一メートルほどの幅のなかに約一二個が緩やかな弧状に並ぶ。これは稲株跡で、それが弧状をなして幅一メートルに並ぶのは、稲株上で左右に動いた片腕の軌跡を示す（図２－４）。つまり田植えが行なわれたことの証拠である。水田面にはしばしば歩行した状態の足跡がのこされる例があり、弥生時代前期の神戸市本庄町遺跡では方形の水田区画に沿って一メートル間隔で歩行する足跡が一区画四列ずつ見出されている。この整然とした歩行状態もやはり田植え作業を想起させるものであり、弥生時代の当初から田植えが行なわれた可能性がある。

収穫から貯蔵へ

秋口になり稲穂が稔ると穂摘みで収穫する。田植えによって幼苗時の生育度を均しても、稲株ごとに稔熟度が異なるために、稔った稲穂を選んで摘み取る必要があったからであろう。穂摘み具は早期から石製が用いられ、中期からはまれに木製、後期には鉄製が用いられるようになる。石製穂摘み具は伝統的に石庖丁とよばれる。これはその形態が北米原住民の携行ナイフに似ることから明治年間につけられた名称であって、一九三〇年代に穀物の収穫具＝穂摘み具と改められたが、慣用語としてのこったものである。

石庖丁の多くは磨製で、身の中央に二つの孔が穿たれ、そこに紐を通し、その紐に指を通して石庖丁を支えもち、刃と親指に稲穂を挟み手首をひねって摘み取る。使い込まれた石庖丁では、稲穂を摘み取った部位が、繰り返し稲穂と接触して光沢をもつまでに摩耗しており、それがいずれも石庖丁の刃を下にした場合の左側に濃くつくことから、穂摘みはもっぱら右手で行なわれたことがわかる。

稲穂はそのまま袋や壺などに入れて貯蔵される。弥生時代の貯蔵施設には、地下に袋状の穴を穿った穴倉と高床倉庫があるが、穴倉は中期までで姿を消し、高床倉庫が前期からすでに普及している。こうして収穫物が高床倉庫に貯蔵されることから、高床倉庫が集落内でどのように配置されているかをみることによって、収穫物がどのように管理されたかを知ることも可能となる。

コメは、稲穂のまま貯蔵した方が保存性に優れており、食する際に初めて脱穀される。脱穀は木臼と竪杵《たてぎね》を用いるが、遺跡でみつかる木臼は、籾を搗く際に籾が逃げないように臼の内側の底が狭く著しく深いものが多い。脱穀された米は、甕《かめ》で炊飯されて食べられたことが、甕の内側に米が黒こげとなった実例からわかっている。

以上述べてきたように、弥生時代は本格的な稲作が定着した時代であり、広大な灌漑水田を経営するために、社会の仕組みも徐々に変貌を遂げることとなった。しかし、弥生時代が稲作の時代であるからといって、それ以外の食料や、食料を得る活動が行なわれなかったわけではない。むしろ、稲作を基軸としながらも、複合的な食料体系・生業であったとみるべきである。

4　生業の複合性

コメ以外の植物質食料

戦後まもなく行なわれた静岡市登呂遺跡の発掘調査には、古代農村の姿を復原するためにさまざまな学問分野の研究者が参加した。植物学分野では東京大学理学部の研究者たちが現地で植物遺存体を採取して、弥生時代の人びとが利用した植物の種類を知り、周囲の森林景観を復原する試みを行なっている。植物種子や果実を担当した前川文夫は、調査報告書(日本考古学協会『登呂　本編』)のなかで、「イネは勿論マクワウリ・ヒョウタンなども栽培され、またモモ・クリなども栽植され」、さらに周囲には「トチノキ・オニグルミ・クリ・ヤマブドウ・ナシ・ホウノキ等」が「混生していて、その果実は食料の一部を支えたであろう」と、植物質食料を複合的に獲得していたことを指摘した。しかし、考古学者は、鋤・鍬類や初めて現われた水田遺構に注目するあまり、イネ以外の植物質食料に目を向けることはなかった。

ようやく一九八一年になって、寺沢薫・知子夫妻が全国で報告された弥生時代遺跡出土の植物遺存体を集成したところ、報告遺跡件数でもっとも多いのはなんとドングリで、イネは第二位であり、以下モモ・マメ類・ヒョウタン類・クルミ・クリ・ムギ類・タデ属・マクワウリ・トチノキ・ブドウ類の順であることを報告した(寺沢薫・寺沢知子「弥生時代植物質食料の基礎的研究」、図2-5)。あくまでこれは報告遺跡件数であって、検出試料数ではない。また弥生時代遺跡であるためにイネ(コメ)が検出されても数点ならば報告されないことがあるのに対して、ドングリやクルミ・クリなら縄文時代のようだと調査者が注目して報告される、といったことがありうる。したがって、注意して扱うべきデータではあるが、イネ以外の多様な植物質食料が利用されたことが明らかとなった。この寺沢夫妻の研究は、「縄文時代＝狩猟採集社会」と「弥生時代＝農耕社会」という二項対立的な見方への疑問を投げかける

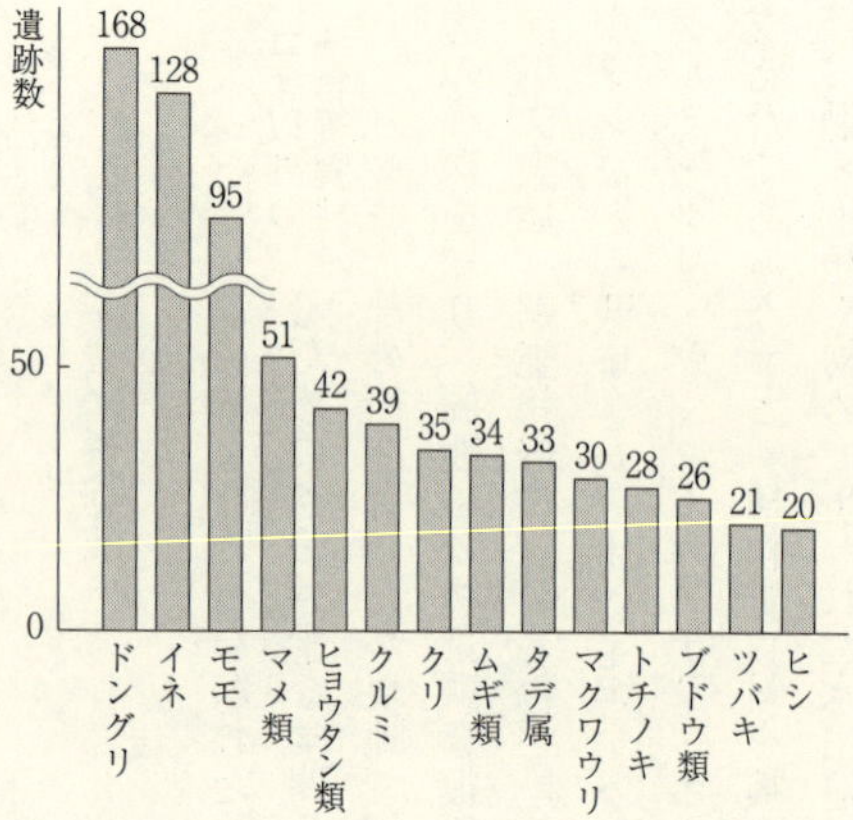

図2-5　検出遺跡数の多い植物遺存体

ものであり、また登呂遺跡で前川が提起した問題をすくい上げるものでもあった。

寺沢論文が優れているのは、利用される植物の季節性などにも注目する点であり、モモ・ヒョウタン類・マクワウリといった夏の果実類、ドングリ・クルミ・クリ・トチノキなど秋の堅果類、それにマメ類やムギ類という畠作物が組み合わせられる特徴もわかる。これは、弥生時代が食料の基盤を稲作においた社会であることを考えるとき、興味深い。つまり、日本列島では夏場にひとたび台風が来襲すれば、たちまちコメの収穫は見込めなくなる。また、秋口に収穫し、倉庫に貯蔵して翌年まで利用する場合でも、夏場は貯蔵量が低下するのは避けられない。そうした稲作の二つの弱点を、秋に稔る堅果類という縄文伝統の食料と、大陸から水田稲作と組み合わさって導入された夏に熟す果実類とで、回避する役割を果たしたと考えたい。マメ類は、最近では縄文時代前・中期の土器に付着した圧痕として次々に見出され、雑穀類も弥生早期には朝鮮半島から導入されたことがわかっている。縄文時代の後半期に進行した食料の多角化が、弥生時代に灌漑稲作を導入した際に、気候や季節の変動にも耐えうる植物質食料体系ともいうべき仕組みの基礎となったのである。

漁撈の変質　縄文時代の生業が、弥生時代に引き継がれたのは、何も堅果類の採集・利用だけではない。漁撈もまた弥生時代に引き継がれた。しかし、かなりの変質がみられる。

縄文時代には盛んに貝塚がつくられた。弥生時代にも、佐賀県宇木汲田《うきくんでん》・福岡県城ノ越《じょうのこし》・広島県中山《なかやま》・愛知県西志賀《にししが》など西日本を中心に貝塚がみられるが、多くは前期から中期初めまでで、比較的大規模な西志賀貝塚でも貝層の直径は二〇メートルに満たず、厚さ一メートルほどと、縄文時代に比べるとかなり小規模である。西日本の弥生時代遺跡は沖積平野に立地するので漁撈活動は行なっているはずであるが、貝塚でも漁撈具や魚骨は少ないのが普通である。稲作の繁忙期と、縄文時代以来の漁撈活動の季節との競合がその原因と考えられる。しかし、興味深い事実もある。

河内平野にある東大阪市鬼虎川《きとらがわ》遺跡や八尾市亀井遺跡ではコイ・フナ・ナマズなどの淡水魚の骨が少数みられ、八尾市山賀《やまが》遺跡では筌《うけ》という、川や用水路に沈め置いて淡水魚を捕獲する漁具がみつかっている。一方、大阪湾に近い和泉市・泉大津市池上曽根《いけがみそね》遺跡では魚骨が比較的多く、クロダイ・マダイ・ボラ・スズキ・フグなどの海水魚が主となり、イイダコ漁に用いるタコ壺も多く出土する。両者の違いは、河内平野内と大阪湾に近いという生態環境の違いもあるが、稲作と漁撈の関係や季節性の違いを考えさせる。

こうした事例は、民俗学的調査から稲作と漁撈の関係を論じた安室知《やすむろさとる》の研究を援用すると理解しやすい（安室知「稲作文化と漁撈（筌）」）。安室によれば、日本の稲作は自給的な漁撈活動がシステムとして組み込まれており、そこには水田耕作プロセスに対応して行なわれる漁撈と、農閑期の漁撈がある。そして前者は、水田とその付属施設を漁場とし、筌漁を用いることで繁忙な農作業との両立をはかり、一回あたりの漁獲は少ないが安定したタンパク源として重要であるという。

河内平野の遺跡ではそうした水田耕作に対応する漁撈が考えられるのに対して、池上曽根遺跡などでは、耕地から多少離れた海でのやや集中的な漁撈が行なわれた。さらに、鳥取市青谷《あおや》上寺地《かみじち》遺跡・富山県氷見市大境《おおざかい》洞窟・神奈川県三浦市間口《まくち》洞穴など岩礁性海岸に隣接する遺跡では、比較的豊富な漁具が出土しており、高度な技術を要する銛漁がかなり盛んな点から、集落内に漁撈を専門とするグループがいたと考える研究者もいる。ともかく、集落が立地する生態環境に応じてさまざまな漁撈形態が組み合わされている様子がうかがえる。

そして、弥生時代中期から後期になると、北部九州の海岸部では漁撈を主たる生業とする集落も出現する。『魏志倭人伝』に数千戸・数万戸と記されたクニグニに海産物を供給する、いわば漁村の出現だとみられている。

このように、弥生時代の漁撈は、縄文時代ほどではないものの、十分注目に値する重要な生産活動であった。

5 「弥生時代」を定義する

弥生時代になって現われた諸事象

弥生時代を、そして縄文時代との違いをどのように理解するか、ここで整理しておこう。弥生時代になって現われた代表的な事象を列挙し、時期やひろがりを確認すると次のようになる。

①灌漑稲作――早期以後。九州(早期〜)から東北北部(前・中期)までおよぶ。
②環濠集落――早期以後。北部九州(早期〜)から関東・北陸北部(中期中頃〜)まで。
③集団間の争い――早期以後。北部九州に顕著で、中期後半以後、中部以西に認められる。
④金属器(青銅器と鉄器)――前期末か中期初頭以後。東日本では中期中頃以後普及していく。
⑤社会的階層の顕在化――中期初頭以後。九州に顕著で、九州以外ではようやく後期後半に目立つようになる。
⑥政治的社会への傾斜――中期後半以後か。

ひとつの事象でも地域ごとに時期差があり、それぞれの事象がいっせいに現われるわけではない。北部九州に限定しても①・②・③→④・⑤→⑥と順次出現してくることが明らかである。

一九七八年に板付遺跡で夜臼期の水田が検出された際に、これを縄文時代／弥生時代のいずれとみるか、論争となったことはさきに述べた。かつては、弥生式土器を用いた時代を弥生時代としたが、一九七五年に佐原真は、土器自体で縄文時代と弥生時代を全国にわたって一律に明解に分けることは至難であることから、弥生時代を「日本で食糧生産を基礎とする生活が開始された時代」と定義し直すことを提唱していた（佐原真「農業の開始と階級社会の形成」）。とすれば当然夜臼期をもって弥生時代のはじまりと認めるべきで、新たに早期を設けることとなった。

これに対して九州の研究者は、稲作に加えて弥生文化に特徴的な要素、とりわけ環濠集落および環濠による居住域と墓域の分離といった社会面での変化を加えて弥生時代のはじまりを考えるべきだとし、板付Ⅰ式以後を弥生時代とみなした。しかし、福岡市那珂《なか》遺跡で夜臼期の二重環濠集落が検出されたことから、夜臼期を弥生時代早期と認めるよう考えを改める見解も出された。

近年では、欧米の考え方の影響を受けて、経済の質的変化を示す水田稲作、社会の質的変化を表わす環濠集落に加えて、祭祀の質的変化を代表する青銅器の三つがそろわないと弥生文化とはよばないという意見も出されている（藤尾慎一郎「時代区分と弥生文化の範囲」）。ところがこの考え方は北部九州や西日本の中核地域を基準として縄文／弥生の時代区分をするものである。環濠集落は、前期段階では北部九州から愛知県東部までで、それ以東の関東・北陸で環濠集落が出現するのは中期中頃である。青銅器が普及するのは、確実なところでは中期初頭、遡っても前期末であるから、この考えでは北部九州でさえ、弥生文化のはじまりは前期末〜中期初頭となってしまう。これは縄文時代と弥生時代に明確な文化的差異があり、弥生時代開始期に飛躍的な文化的転換があったとする考え方がもとになっている。しかし、縄文から弥生への文化的転換は突然に達成されたわけではなく、九州から東北までのひろい範囲で時間差をもちながら、また九州でも早期から前期・中期・後期へと長い時間の経過のなかで達成されたというのが実態である。

戦前に主張されたような「弥生式文化人は海を越えてきた人々」であり、「金属の知識と農耕の習俗と、そこに醸成せられる新しい秩序と、これらの上に輝かしくも稚き国家の体制は着々と組立てられて行った」（小林行雄「弥生式文化」）という弥生時代のイメージが、いまだに私たちの脳裏に埋め込まれているのではないか。弥生時代を縄文時代と画すのは、灌漑稲作の開始というもっとも基底的な要素をもって定め、社会や祭祀の質的な変化はそれに続いて地域ごとに状況を違えながら徐々に進行した、とみる方が現実のデータとよく整合する。

はじまりの基準は灌漑稲作

灌漑稲作という経済の質的変化だけで社会は論じられないという意見もあろう。しかし、単に稲作ではなく、灌漑稲作を基準とする点に注意していただきたい。さきに夜臼期の水田には灌漑施設をもつタイプともたないタイプとがあり、そこには水田区画のひろがりに顕著な違いがあることを述べた。灌漑水田は、水路を掘削し、ひろく水田を造成するのに集落構成員による集中的な労働投下がなされ、水田経営を進める上ではつねに水利をめぐる利害調整をはかる必要がある。こうした水田の造成と経営をめぐる集落内・集落間の調整こそが、やがて社会の質的な変化をもたらすもっとも基本的な契機となったと考えられる（広瀬和雄『縄紋から弥生への新歴史像』）。従来考えられてきたような弥生時代の社会変化は、開始期にただちに起きたのではなく、緩やかに蓄積され、かつ波状的に展開したと考えられるのである。また、弥生時代社会の展開の仕方は地域ごとに様相を異にするが、それは縄文時代晩期の地域ごとの特色が弥生時代に引き継がれたからに他ならない。弥生時代社会は、地域ごと、時期ごとの変異・変化が著しいのが際立った特徴といってもよい。その各地における具体的な姿については、次章から順次みていく。ただし、その前に、弥生時代の終わりをも定めておかなければならない。

終わりの基準は古墳の成立

弥生時代の終わりはどのように定義すべきであろうか。弥生式土器の時代がすなわち弥生時代だとみなしていた一九六〇年代までは、土師器《はじき》の成立をもって古墳時代のはじまりとみていた。もちろん、古墳時代とは、前方後円墳をはじめとする巨大な墳丘をもつ古墳の造営が特徴的であるために付された時代名称である。しかし、古墳が弥生時代の墳墓からどのように発展して成立したのかは、当時はまだまったくわかっていなかった。そこでまず土器から探求していったところ、弥生式土器は中期には地方差が顕著であったのが、後期にはそれが薄らぎ、古墳時代の土師器になると地方差のない斉一性をもつようになる。それは、古墳時代になって土師氏に統率された土師部が専業的に製作したからと説明されもした。ところが、その後各地で土師器が検出されるようになると、土師器も地方的個性をもつことがしだいに明らかになるとともに、近畿においても弥生式土器から土師器への変化は緩やかであることがわかって時代区分の基準とすることが躊躇されるようになり、むしろ古墳の出現で古墳時代のはじまり、すなわち弥生時代の終わりを画すべきだと考えられるようになった（田中琢「布留式以前」）。

ついで、一九六〇年代から弥生時代の墳丘をもつ墓が明らかになり、岡山県楯築《たてつき》遺跡のように全長約八〇メートルもの墳丘をもつ墓（墳丘墓）が検出されるにおよび、今度は何をもって弥生墳丘墓と古墳とを識別するかが議論となった。その結果、奈良県箸墓《はしはか》古墳や京都府椿井《つばい》大塚《おおつか》山《やま》古墳、福岡県石塚山古墳など、定型的な前方後円墳の出現をもって古墳時代とみなす考えが提示された。正円形の後円部をもち、墳丘に三段ほどの段差を設ける定まった墳丘設計、竪穴式石室（石槨《せっかく》）に割竹《わりたけ》形木棺、三角縁神獣鏡《さんかくぶちしんじゅうきょう》を主とする銅鏡の多数副葬など、共通する定型的な墳墓・埋葬様式をもって定型的前方後円墳とみなす。これらが西日本一帯の広範囲の有力首長に共有されているのは、首長の交替に伴う首長権継承儀礼が共有されているからだと解釈し、そこに広域にわたる首長どうしの政治的大連合を見出すことによる（近藤義郎『前方後円墳の時代』）。ただし、それに先立って、奈良県纒向《まきむく》石塚のように、いまだ墳丘形態が定型的とはいえないまでも前方後円形をなす大型墳丘をもつ、纒向型墳丘墓も北部九州から東日本まで広域に分布しており、定型的前方後円墳と同様の解釈が可能であることにも注意しておかなければならない。

本書では、だれもが古墳と認定する定型的前方後円墳の出現をもって古墳と認め、弥生時代の終わりを画したい。この問題は第5章でもう一度くわしく触れよう（一九四～二〇〇頁）。

第三章　弥生社会の成長 ——地域ごとの動き

第二章で、弥生時代社会は、地域ごと、時期ごとの変異・変化が著しいのが際立った特徴であると述べた。そこで第三章では、弥生文化を構成する基本的な三つの要素を確認した上で、北部九州や近畿、および中部・関東・東北地方各地における弥生文化の初めから中頃まで――おおよそ紀元前七、八世紀から前一世紀まで――の様子をみることにしよう。各地における縄文時代以来の伝統の違いもあるので、地域ごとの差異がもっとも際立つ段階ということもできる。

1　大陸から来た文化要素

縄文文化と弥生文化

まず、縄文時代と弥生時代の文化の関係をどのようにみるかに触れておこう。この問題にはさまざまな意見がある。前章で紹介した「弥生式文化人は大陸から海を越えてやってきた人々」という考え（小林行雄、前掲）は、縄文文化と弥生文化の人びとはそれぞれ異なる民族集団――先住民／渡来人――の文化だという、明治・大正年間に生まれた考え方が前提になっている。そうした考えが生まれるほどに、弥生時代には大陸に由来する文化要素が明瞭である。しかし、縄文文化と弥生文化が、先住民が住むなかに渡来人が入り込み同時期に地域を異にして住み分けるような関係ではなく、じつは年代的な前後関係であり、縄文文化から弥生文化へと移行したのだと、一九三〇年代に気付いた山内清男は、縄文時代の文化が母体となって弥生文化が形成されたと考えた（山内清男、前掲vii頁）。弥生時代の文化遺物には、縄文文化からの伝統を引き継ぐもの、大陸に由来するもの、弥生文化に特有のものの三者があることが特徴であることを述べ、とくに西日本でも東日本でも縄文土器から弥生土器への変遷が連続的な点を重視した。

戦後、小林・山内双方に学んだ佐原真は、一九七五年になって、弥生文化を構成する三要素をさらに詳しく列挙して、弥生文化の複合的な姿を具体的に示した。佐原が列挙したもののうち代表的な要素をみてみよう（佐原真、前掲）。

（A）大陸から伝来した要素　〔舶来品（中国系）〕金印、貨《か》泉《せん》、銅鏡（前漢・新・後漢）、素《そ》環《かん》頭《とう》刀など。〔舶来品（朝鮮系）〕多鈕鏡《たちゅうきょう》、細形《ほそがた》銅剣・銅矛《どうほこ》・銅戈《どうか》、有柄《ゆうへい》磨製石剣、磨製石鏃の一部など。〔技術・知識〕稲作、青銅器鋳造技術、鉄器鍛造技術、大陸系磨製石器三種セット、石庖丁などの収穫具、紡織技術、高床倉庫など。〔思想習俗〕各種農耕儀礼、卜骨《ぼっこつ》（占い用）、鳥形木製品、支《し》石墓《せきぼ》、厚葬《こうそう》（副葬品を添えて手厚く葬る）など。

（B）縄文文化からの伝統として引き継いだ要素　〔品物・技術・知識〕打製石器の技術、

打製石鏃・石錐《せきすい》・土掘り具（いわゆる打製石斧）、勾玉《まがたま》、土器の製作技術・形態・文様、木器や骨角器とその製作技術、漆器とその技術など。

（C）弥生文化で固有の発達を遂げたもの　大型化・装飾化した銅鐸・銅剣・銅矛・銅戈、巴形《ともえがた》銅器や有鉤銅釧《ゆうこうどうくしろ》、打製石槍《いしやり》、石戈と鉄戈、甕棺《かめかん》墓、方形周溝墓など。

もし弥生人が大陸からの渡来者であるなら、（A）は自ら携えてきたもの、（B）は先住民から採用した技術や道具である。一方、縄文文化が母体となって弥生文化が形成されたのであれば、（B）は自ら伝統として保持しているもの、（A）は大陸から受容したものとなり、ともに（C）は（A）と（B）の折衷ということになる。佐原のユニークなのは、「当時の大陸にありながら伝わらなかったもの」として、牧畜、製陶用ロクロ、戦車・車、乗馬の風習、城壁をめぐらした都市、文字など、「縄文文化から伝わらなかったもの」として大多数の磨製石器などを挙げる。弥生人が渡来集団なら、なぜこれほど重要な前者が抜け落ちるのか、という問いが込められている。その後、弥生時代の遺跡からみつかるイノシシが、じつは家畜化されたブタだという見解が出されたが、それでも牧畜というには抵抗がある。

考古学者の多くは、弥生時代の初めに稲作技術が定着し、やがて前期末〜中期初頭から青銅器の鋳造がはじまることなどを考えると、大陸から一定数の移住者がいたであろうことは認めながらも、おもに日本列島在来の人びとが順次大陸からさまざまな技術と文化要素を取り入れて、私たちが「弥生」と冠する時代・文化をつくり出していったと考える場合が多い。しかし、弥生時代の遺跡からみつかる人骨、すなわち「弥生人」自身の形質的特徴を分析する自然人類学の立場からは、これとは異なる縄文／弥生関係モデルが描かれる。

人骨からみた縄文／弥生

ことの発端は、戦後一九五〇年代前半に山口県土井ヶ浜遺跡の石棺墓や福岡県・佐賀県内の甕棺墓から相次いで弥生時代の人骨が検出されたことにはじまる。それまで縄文時代の貝塚などからみつかっていた人骨と比べて、身長が高く（男性平均で縄文一五八～九センチメートル／弥生一六二～三センチメートル）、面長で鼻が狭い、のっぺりした面貌であることが特徴で、朝鮮半島の現代人に近い。一方、長崎県平戸島根獅子《ねしこ》遺跡の人骨は縄文時代と同様の特徴をもっていた。その後出土した長崎県内の発掘人骨からいっそうこの違いが明確となり、長崎県域など西北九州の弥生時代人骨は縄文系の形質であるのに対して、佐賀県から山口県一帯の人骨は渡来系の形質をもつと主張された（金関丈夫「人種の問題」）。やがて、弥生時代から奈良時代までの一〇〇〇年間に一〇〇万人以上もの大量の渡来があったという推計まで出されるようになった（埴原和郎『日本人の成り立ち』）。

しかし、こうしたモデルが構築された際に用いられた資料は弥生前期末ないし中期に属す例がほとんどであって、弥生早・前期の人骨はほとんどなかった。ようやく一九八〇年代になっ

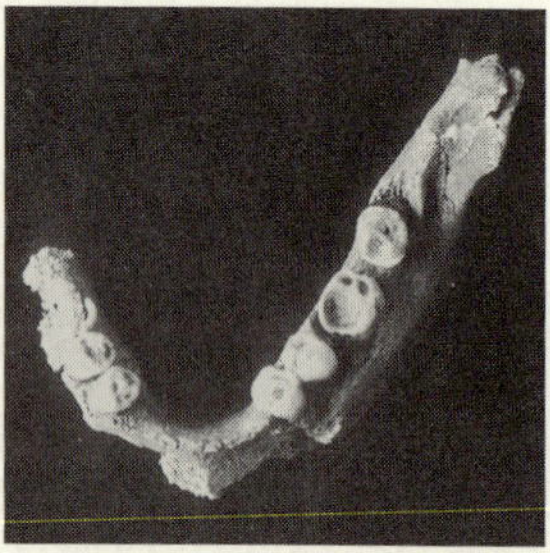

図3-1　福岡県新町遺跡16号支石墓出土の縄文系抜歯（下顎左右犬歯と切歯を抜く）

て玄界灘沿岸の福岡県糸島市新町《しんまち》遺跡で、大陸系墓制である支石墓から弥生早期の人骨が出土したことで新たな問題が出てきた。なんと新町遺跡の人骨は縄文的な形質と抜歯風習をもつ事例だったのである（図3－1）。そのために、考古学側では、やはり縄文から弥生への変革は縄文系の在来集団が主体となってなされたという見方が出され（金関恕・大阪府立弥生文化博物館編『弥生文化の成立』）、また人類学側からも、弥生早～前期に縄文系集団と渡来系集団の間に人口増加率で大きな差があったと仮定すれば、中期には人口比が逆転すると推計できるという見解が出されるなど議論となった（中橋孝博・飯塚勝「北部九州の縄文～弥生移行期に関する人類学的考察」）。

それでも、縄文系と渡来系弥生人の形質的特徴は、身長や頭蓋骨の特徴からも判然としており、繰り返し普及書に紹介された（佐原真『大系日本の歴史 1』など）。またそれは「弥生式文化人は大陸から海を越えてやってきた人々」（小林行雄、前掲）だという戦前から戦後に引き継がれた定説と合致するものでもあった。そして、東日本でも弥生時代人骨が少ないながらも検出されてくると、それらも渡来系と判断された。東北地方北上山地中にある岩手県アバクチ洞窟の小児骨も渡来系の可能性が高く、さらには北海道続縄《ぞくじょうもん》文文化の人骨にも渡来系弥生人形質の実例を含むという見解まで出されている（松村博文「渡来系弥生人の拡散と続縄文時代人」）。その結果、縄文系弥生人は西北九州にのみ特徴的だということになりかねない状況になったのである。ここまでくると、はたして渡来系／縄文系という二分法で考えることがそもそもどれほど有効なのかという疑問さえ生じてくる。しかも、弥生時代中期に併行する韓国南部の勒島《ヌクト》貝塚で発掘された人骨には、西北九州弥生人骨に近い例を含むという報告もある（釜山大学校博物館『勒島貝塚と墳墓群』）。

もちろん、だからといって、一定数の人びとが海を越えて北部九州周辺に移住し、灌漑稲作をはじめとする新技術や、集落の居住域には環濠をめぐらすといった新しい文化規範を伝えたことを、過小評価することはできない。ただし、縄文から弥生への時代・文化の移行は、「民族」集団の交替か、それとも在来縄文集団がまったく主体的な働きをしたのか、という二分法で割り切ってしまっては、実態からかけ離れてしまうように思われる。地域ごと、時期ごとの文化的差異や変化が大きいのは、縄文伝統／新来の大陸系要素／弥生独自の要素の複合が地域ごとに差異があり、各地で刻々と変貌を遂げていったから、というのが実態なのではないだろうか。

なお、「渡来（人）」という語は、それを受け入れた側に政治的機構が存在することを前提とし、同時にそこに視点を置いて用いる語である。したがって、そうした機構が未整備な弥生時代にふさわしい語でも、公正な用語でもないので、むしろ本来は「移住(者)」を用いるのが適切である。

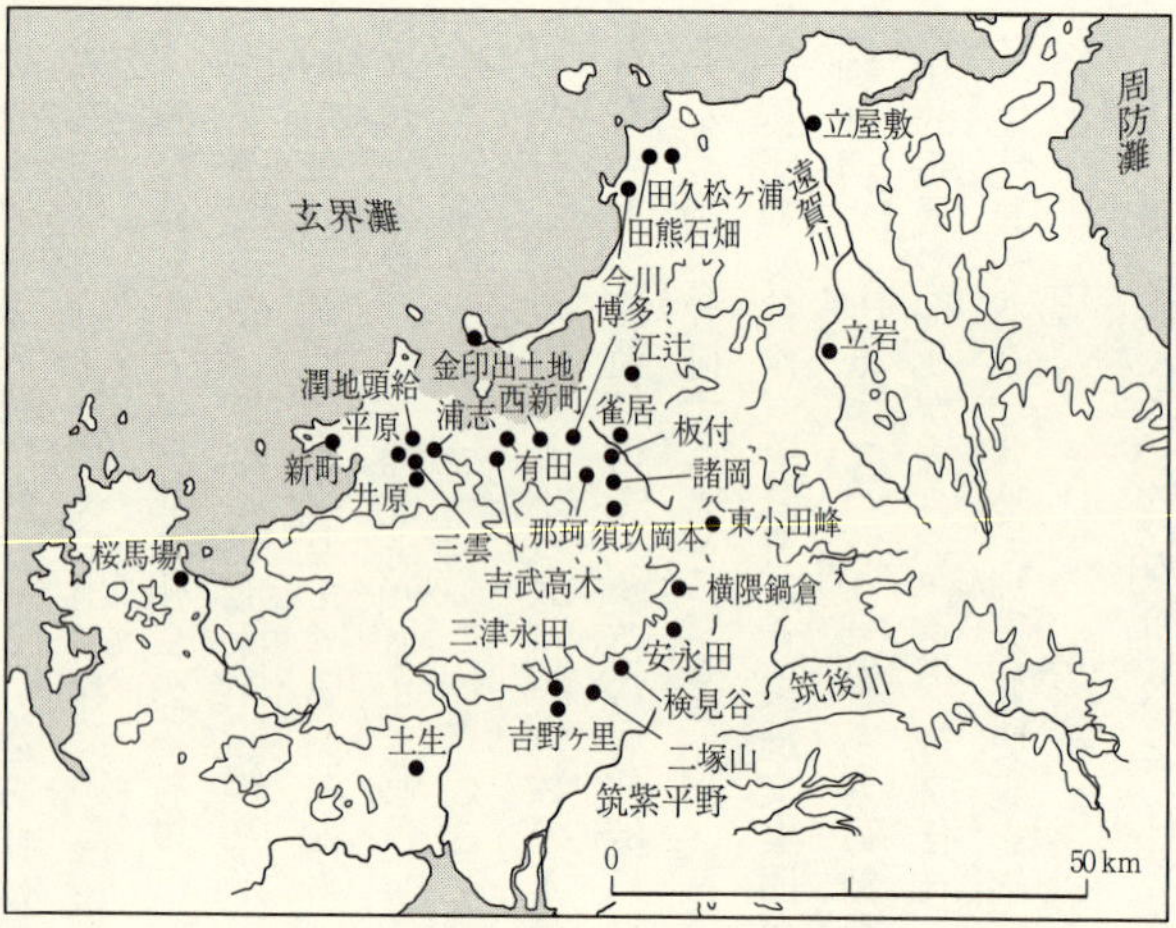

図 3-2　北部九州の主な弥生時代遺跡

2　弥生集落の成長——北部九州

北部九州の縄文／弥生

弥生時代の幕開けを告げる灌漑稲作は、まず九州に定着した。福岡市板付遺跡や宮崎県坂元A遺跡で検出された水田遺構がこの事実を証明する。まず、この弥生時代幕開けの地である北部九州の縄文晩期後半から弥生早・前期初めへの連続性をみてみよう。そして集落や墓地の姿から、社会的な格差が急速に拡大していく北部九州の弥生社会の変貌ぶりへと話を進めよう(図3－2)。

縄文時代晩期から弥生時代早・前期への連続性は、遺跡からもっとも多数発見される遺物である土器の特徴からよく追跡できる。縄文晩期後半は黒川式土器と呼称される、土器の表面をよく研磨して仕上げ、黒っぽく焼き上げられた鉢類と、粗雑に器面を仕上げた甕から構成される単純な器種組成をなす。それが次の弥生早期の夜臼式土器になると、壺が加わって、壺・甕・鉢(高杯《たかつき》)という弥生土器の基本組成ができあがる。鉢と甕の基本的特徴は黒川式土器から連続しており、鉢では口縁部の屈曲が小さくなり、甕では口縁と肩部に細い粘土紐を貼り付けて刻目をつけた刻目突帯文《きざみめとったいもん》が施される(図3－3)。

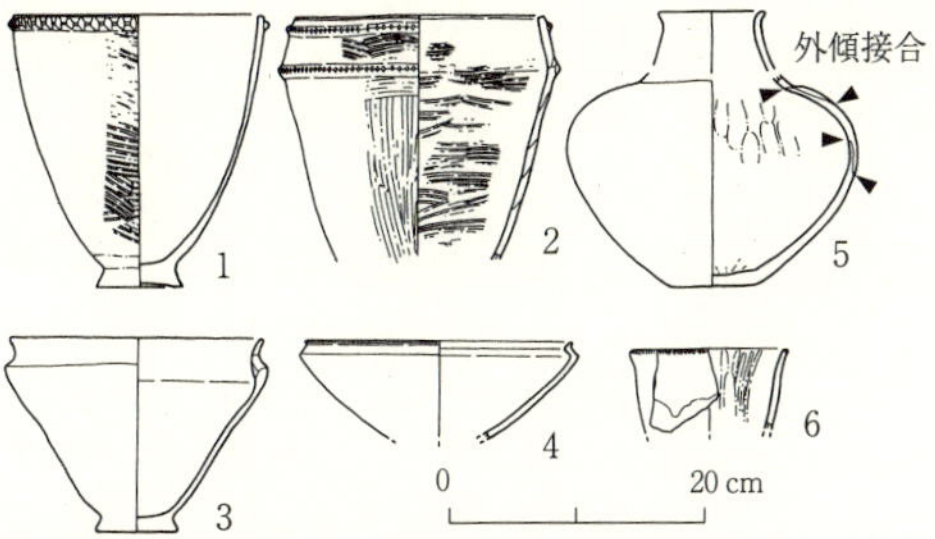

図3–3　夜臼式土器．前代から伝統的な甕(1・2)・鉢(3・4)と板付Ⅰ式につづく壺(5)・甕(6)からなる

注目されるのは、壺や口縁部が直立する甕では、土器の形をつくる際に、幅四～五センチメートルの粘土板を巻くように積み上げ、しかも粘土板の接合面が外側に傾斜する、朝鮮半島無文土器と同じ製作技法(外傾接合)を採用していることである。そして前期初めの板付Ⅰ式になると在来系と半島系が相半ばし、さらに板付Ⅱ式になると装飾面で突帯文土器の伝

統を残しながらも半島系の製作技術によるものがほとんどとなる。縄文晩期以来の伝統が保持されながら、弥生早期以後しだいに朝鮮半島系の製作技術が浸透していく状況がわかる。

この朝鮮半島系土器製作技術が出現する早期段階から、板付遺跡のような灌漑水田遺構が確認でき、さらに水田を耕作する鋤・鍬類や、これら木製農具を製作する大陸系磨製石斧類、イネを穂摘みする石庖丁などの稲作関係遺物が現われる。新町遺跡のように半島系墓制である支石墓が登場し、磨製石剣や磨製石鏃といった朝鮮半島系の石製武器類を副葬する風習もはじまる。もちろん、縄文時代以来の石鏃や石錐などの打製石器の存在も明瞭であるし、大陸系磨製石斧といっても伐採用斧は縄文時代以来の石斧との折衷的な特徴を備え、骨角器なども在来伝統を継承している。かつては、この早期段階の具体的内容がつかめなかったために、縄文伝統とは異なる大陸に由来する文化要素が突如前期初めの板付Ⅰ期に現われるようにみえていた。早期という段階の内容が明らかになることによって、縄文から弥生へと漸進的・連続的に推移する様子が明確となり、それが前期以後の弥生文化が展開する基礎をなすことが理解できるようになった。

そして、後で述べるように、弥生早期に稲作情報が少なくとも中部地方まで伝わる。しかし、稲作は本格化せず、ようやく前期以後西日本一帯が急速に稲作農耕社会へと変貌を遂げる、その基点は北部九州にあったとみられる。

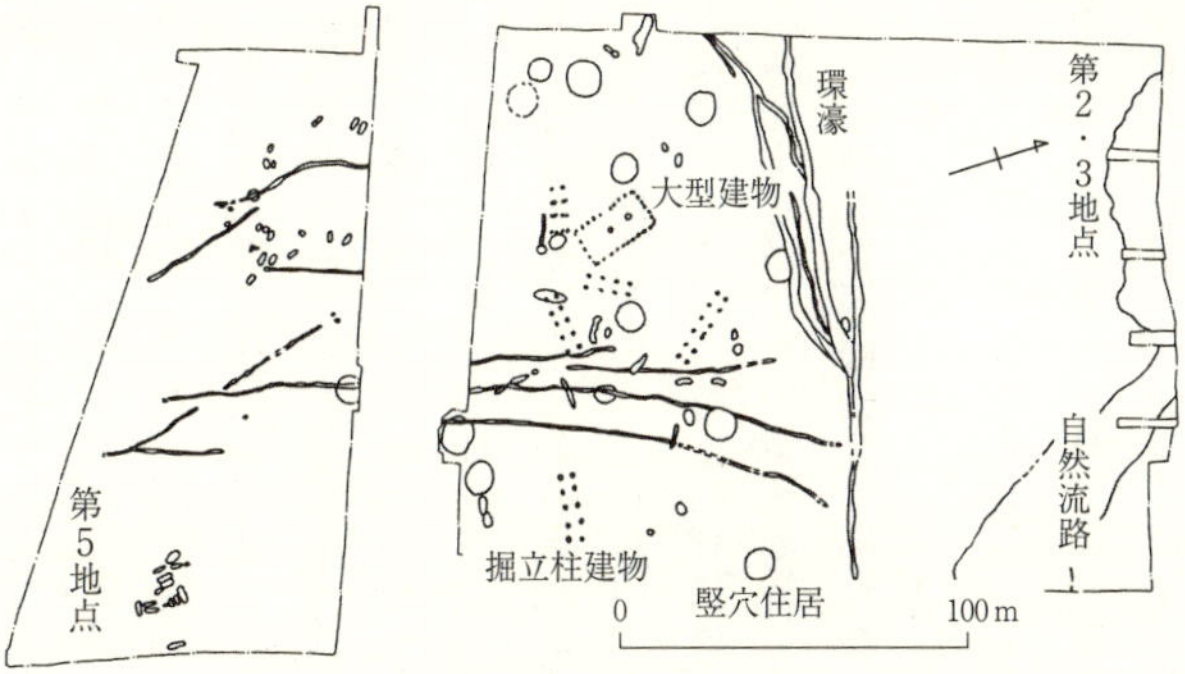

図3-4　弥生早期の集落（福岡県江辻遺跡）

環濠をもつ集落形態もまた、弥生早期に現われ、前期以後の弥生時代にひろく普及していく新しい文化要素である。

継続する弥生集落

環濠集落とは、居住域の周囲に濠《ほり》をめぐらした集落のことで、中国大陸では今から約八〇〇〇年前の新石器時代の初めに、長江中流域で最古級の稲作証拠が確認された湖南省八十垱《パシタン》遺跡や、乾燥地帯の内蒙古自治区の興隆《シンロン》窪《ワ》遺跡などですでに出現している。その後、新石器時代を通して環濠と土塁が発達し、やがて中国の都市は周囲に城壁をめぐらす城市の形態を取るようになる。朝鮮半島でも無文土器時代前期（青銅器時代）から三韓時代（初期鉄器時代）まで各地で採用され、日本列島には弥生時代早期に北部九州に出現した。

現在のところ、福岡平野のほぼ中央に位置する那珂遺跡や福岡平野東部の粕屋町江《え》辻《つじ》遺跡で弥生時代早期の環濠集落について検出例がある（図3－4）。那珂遺跡は、低い台地の南西縁に立地して、部分的な調査ではあるが二条の環濠が内濠直径約一二五メートル、外濠直径約一五〇メートルに円形にめぐる。居住域となる環濠の内側は、残念ながら削平されてしまっていた。江辻遺跡を例にとると、ここでは濠が全周するわけではないが、一時期五棟前後の竪穴住居が環状に並ぶなかに五棟の倉庫かと思われる掘立柱建物と一棟の大型建物が配置される。弥生時代前期前半でも板付遺跡や葛川《くずかわ》遺跡など一ヘクタールにも満たない小規模な環濠集落が一般的で、四ヘクタールにもおよぶ有田遺跡A環濠などは稀である。

弥生早期に併行する時期の、韓国の慶尚南道検丹里《コムタンニ》遺跡では、集落に三段階の変遷があるうち、その第二段階にのみ環濠が設けられていた。北部九州の弥生早〜前期の集落は継続するとしても、環濠がつくられたのはその集落が形成された当初だけのようで、繰り返し掘削されたとは思われない。弥生時代には集落遺跡は前期前半から中頃にかけて増え、前期末には飛躍的に増加するが、その環濠は新しく形成された集落で掘削されることから、防御性というよりもシンボル的な区画施設であったという意見もある。

弥生時代の環濠は、いくつもの役割・機能を果たしたが、とくに①防御、②区画、③象徴、④結束の四点が重要である。まず①については、環濠は、幅や深さが数メートルにおよぶ例が多く、土塁も併設されているので、外部の攻撃からムラの生命・財産を守る防御施設であったと考えられる。西日本で環濠が数条めぐる例があるのも防御機能を高める措置である。②の区画とは、環濠が居住域と墓域を区分し、またムラの内部と外部を分ける役割である。集落内の一部だけを環濠で囲む場合は、集落内や集落構成員を区分する施設となる。③の象徴とは、一地域内でも中核的な集落に環濠をめぐらすように、環濠はそれを設けた集落の社会的役割を象徴的に示す側面をもっている。④の結束とは、こうした防御・区画・象徴といった役割をになう環濠を共同で掘削することによって、集落構成員の内面的な結束が図られることを指す。

このうち、防御機能を重視する見方は、一九八〇年代からひろまった考え方であるが、最近では、武器類の出土数が少ないことや小規模な実例があることを理由として、環濠に防御性はないとみる意見もある。しかし、防御施設だといってもつねに社会的緊張時や争乱時に使われたとは限らない。実際に防御施設たりえたかというよりも、防御施設をつくること自体が目的である場合も想定すべきである。つまり、防御・区画・象徴・結束の四つの機能・役割はそれぞれ独立したものというよりも相互に関連しあうものである。

このほか、環濠を発掘すると土器などの生活廃棄物が多数出土するからごみ捨て場として利用されたことも普通にあったし、高地性環濠集落では通路として用いられたことが確かな実例もある。

吉野ヶ里集落の重要性

北部九州の弥生時代遺跡のなかでもっとも集落の内容と変遷がよく把握できるのが佐賀県の吉野ヶ里遺跡である。吉野ヶ里遺跡は、佐賀平野を見渡すことができる低丘陵上に立地する遺跡で、弥生前期初頭に丘陵南端に環濠と思われる溝をもつ集落としてはじまる。前期前半には、前期初頭の集落の北側に新たに約三ヘクタールの環濠集落が営まれ、前期末になると南北に一キロメートルも延びる丘陵上の七〜八カ所に小規模な居住域が点在して、散漫ながら広大な集落の景観を呈しはじめる。

　さらに中期前半になると丘陵の南半分の約二〇ヘクタールの範囲に多数の住居や貯蔵穴とそれを囲むように環濠がめぐり、巨大な集住集落に姿を変える。北半分の丘陵上一帯は、甕棺が列をなす墓地が南北にいくつも延び、その一角に平面長方形で三〇×四〇メートルあまりの大型墳丘墓が造営され、一四基調査された甕棺のうち八基に銅剣が各一点副葬されていた（図3-5）。次節で述べるように青銅武器を副葬できるのは社会的に上位の位置を占める人物にかぎられるから、それぞれ一点

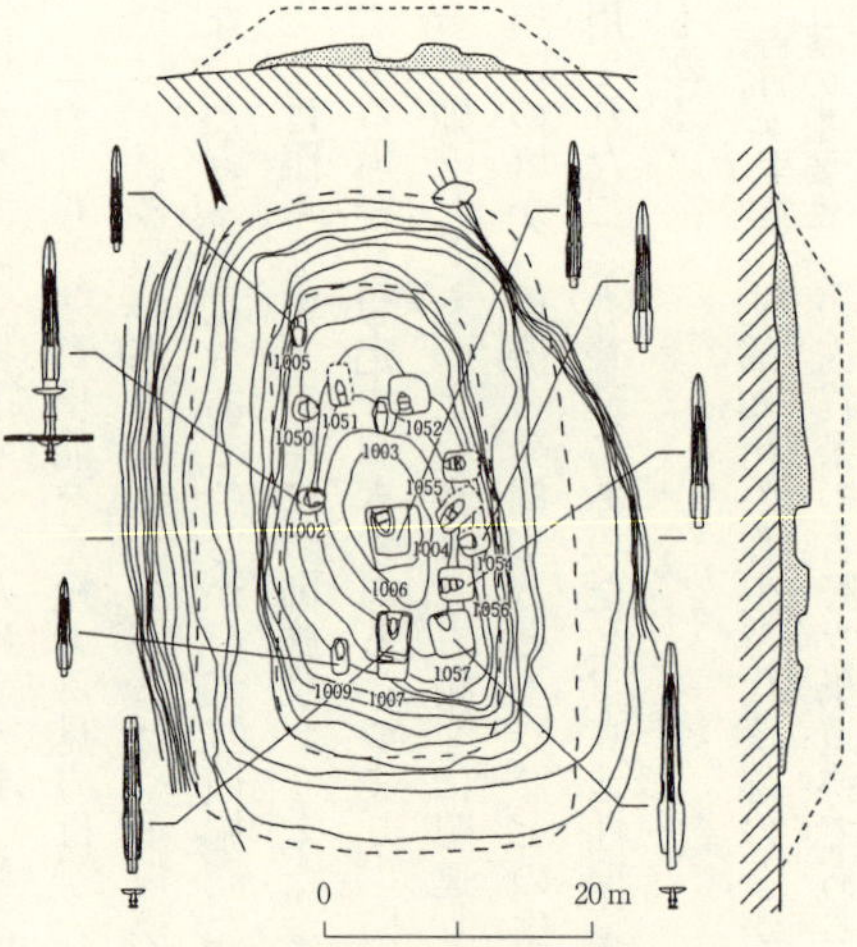

図3–5　墳丘墓（弥生中期前半）の甕棺14基中8基から青銅武器出土（佐賀県吉野ヶ里遺跡）

ずつとはいえ、それが集中する大型墳丘墓の出現は、巨大な環濠集落が形成されたことと歩調を合わせたものである。吉野ヶ里遺跡は、弥生時代を通じて佐賀平野の中核的な集落であったと考えられるが、とくに中期前半になるとこの地域のなかで指導的位置を占める人びとによって統括された、まさに拠点というべき集落に成長したことが鮮やかに読み取れる。さらに中期中頃から後半になると丘陵北部の墳丘墓のある区域まで居住域が拡大し、それが後期に存続してさらに四〇ヘクタールもの大規模な環濠集落となり、内部には北内郭と南内郭とよばれる二カ所の中核区や、環濠集落の西側に大型高床倉庫が群集する一画が設けられるなど、重層的な構造をもつ集落に発展する。

一般に、吉野ヶ里遺跡は「邪馬台国」と関係する遺跡として取り沙汰されることが多いが、吉野ヶ里遺跡は、邪馬台国であるか否かといった問題よりも、弥生時代の初めから終わりまでの集落構造の変遷を明確に追跡できるという点でこそ重要である。ただし、さきにあげた那珂遺跡を含む福岡平野の比恵《ひえ》・那珂遺跡群や須玖《すぐ》遺跡群、糸島平野の三雲《みくも》遺跡群、壱岐《いき》島の原《はる》の辻《つじ》遺跡も、いずれも弥生前期から中期、さらに後期まで継続・発展したそれぞれの地域で拠点となる集落である。いまだ不詳な点もあるが、基本的には吉野ヶ里遺跡の変遷と同質の移り変わりをたどったと考えられる。

3　集団間・集団内格差の拡大——北部九州

前節で弥生集落の様子をみたが、墓地からはよりいっそう北部九州弥生社会の変貌、とくに社会の階層化、さらには『漢書地理志』に「分かれて百余国」と記されたような社会状態に変貌してゆく様子を明確に知ることができる。

考古学者はなぜ墓が好きなのか

ところで、考古学ではなぜ墓地を重要視するのか不思議に思われたことはないであろうか。それは何も考古学者が妙な関心をもっているからではなく、考古資料がもつある性質によっている。例えば、遺跡からもっともたくさん出土する土器の場合、ある人間国宝が制作した陶磁器などとは異なって、それをつくり、使った個人を特定することは困難である。竪穴住居跡や古墳なども同じである。もちろん、土器に人名が刻まれていればつくり手や使い手がわかるものの、そんな実例はまず望めない。古代の太安万侶《おおのやすまろ》墓の墓誌や威奈大村《いなのおおむら》の蔵骨器のように人名が記載されていれば被葬者個人は特定できるが、それは天文学的な確率といってもよいくらいである。通常、型式学という分類学・類型学の方法によって、○○式とか、××類型とか、ある共通する特徴をもつまとまりとして、遺物や遺構を扱うことが多い。それは、個人ではなく、あるまとまりの集団を反映したものと考えられる。しかし、墓の埋葬人骨は、個人名が特定できなくとも、その時代の個人が識別でき、しかもその人物が生き残った人びとによってどのように埋葬されたかを点検することで、当時の社会状況を個人の側から追究することができるのである。

弥生時代の社会を墓地から知ろうとするときに重視するのは、まず副葬品である。だれもがもちうるものか、それとも限られた特定の人物だけが所持でき、それによって社会的な地位を表示できる威信財のようなものか。それが個人に集中しているか、何人かに分散しているか。埋葬が集合墓地か、特定の個人だけが特別に区画されているかも重要である。埋葬姿勢や、埋葬施設、配列なども、葬送行為の伝統や志向を考える上で重要である。

さて本題に戻ろう。

有力者層の出現

従来、北部九州に、弥生時代早期以後に現われる朝鮮半島系墓制として、支石墓が注目されてきた。墓地表示として地上に大石を置き、その下に大石をささえる支石をかませることからこの名がある。しかし、福岡県西部から長崎県にかけて分布する支石墓は、埋葬施設が朝鮮半島と共通する箱形に板石を組んだ組合せ石棺墓であっても、著しく小型のものが多い。また埋葬施設に石組みのないものや北部九州に特有の甕棺を用いるものもあって、半島と一致するとは言いがたいものがほとんどであった。ところが、意外なことに博多湾よりも東方の宗像《むなかた》市田久《たく》松ヶ《まつが》浦《うら》遺跡では、支石墓の上石を省略したような朝鮮半島と同種の石槨墓が発見されて注目された。丘陵尾根上に弥生前期初頭の墓が一五基あり、そのうち二基の墓坑で壁際に石塊が積まれ、七、八枚の蓋石を架していた。その中の木棺と遺骸は朽ちていたが、注目されるのは、この墓地の中央部の石槨墓や土坑墓五基に、朝鮮半島製の有柄磨製石剣や磨製石鏃が被葬者の脇に副葬され、小さな壺が添えられていた点であった。集団墓地の一部が、このように朝鮮半島と同じ構造の墓地や副葬品をもち、優位の扱いを受けている。また、筑紫平野側の東小田《ひがしおだ》峰《みね》遺跡では有力者層だけが独立して方形の低墳丘墓をつくる事例も知られている。前期でも早い段階から拠点的な集落のなかでは階層化の動きが現われはじめていたようである。同時期の朝鮮半島では、すでに、検丹里《コムタンニ》遺跡のように集落内で階層化が確認できるのと対応するように、慶尚南道徳川里《トクチョンニ》遺跡では集団墓地の一画に長辺が五六メートル以上にも達する巨大な方形区画墓、忠清南道《チュンチョンナムド》松菊里《ソングンニ》遺跡では集団墓地とは別に有力者層が独立した墓域をもち、1号石棺墓には遼寧《りょうねい》式銅剣・有柄磨製石剣・磨製石鏃・天河石《てんがせき》製勾玉が集中していたように、階層分化は北部九州以上に進んでいたことがわかっている。

前期末〜中期前半になると、有力者層の顕在化がいっそう明確になることが、宗像市田熊石《たぐまいし》畑《はた》遺跡や福岡市吉武高木《よしたけたかぎ》遺跡で確認できる。田熊石畑遺跡では十数メートル四方の範囲内に並ぶ木棺墓九基のうち発掘された六基すべてに計一五点にものぼる銅剣・銅矛・銅戈が副葬されており、中央寄りの1・2・4号墓ではそれぞれ銅剣・銅矛・銅戈が計五・四・三点と玉類が集中出土した。また、吉武高木遺跡では二〇×一五メートルの範囲に甕棺と木棺墓が二〇基集中したなかで、中央近くにある3号木棺墓で銅剣二、銅矛・銅戈・多鈕細文鏡各一点と緑色凝灰岩《ぎょうかいがん》製管玉《くだたま》とヒスイ製勾玉の首飾りがまとまっていたほか、一〇基の甕棺と木棺墓に銅剣と装身具が副葬されていた（図3－6）。豊富な副葬品をもつことから厚葬墓とよんでいる。中期初頭〜前半でこの二遺跡ほど青銅器副葬墓が集中し、かつ吉武高木遺跡のようにそのなかでも特定の人物が傑出した扱いを受けている事例は見当たらない。

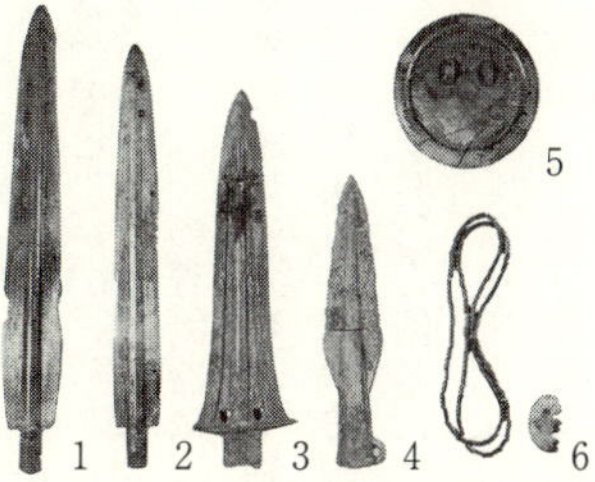

図3-6　福岡県吉武高木遺跡3号木棺墓の副葬品．銅剣(1・2)，銅戈(3)，銅矛(4)，多鈕鏡(5)，勾玉と管玉(6)

板付遺跡の環濠集落の南東側に位置する板付田端遺跡では一九一六（大正五）年に甕棺内から銅剣四点と銅矛三点がまとまって出土した記録があり、現存するこれら青銅器の型式をみるとこれも前期末〜中期初頭と考えられる。この甕棺墓は低い墳丘をもっていたようで、吉武高木遺跡以上に特定の個人が突出した状況であった可能性がある。吉野ヶ里遺跡で銅剣を副葬する甕棺が集中していた墳丘墓も、これらより若干時期的に遅れるものの、中期前半に属する。

ともかく前期末〜中期初頭には、前期前半よりも階層化がいっそう進んでいた。

青銅器とその鋳造

弥生前期末から中期初めにかけて北部九州を中心として有力者の副葬品として用いられる青銅器には、銅剣・銅矛・銅戈に、例数は少ないが多鈕鏡が加わる。これらの青銅器は、源流をたどれば中国東北部で発達した遼寧青銅器文化に由来し、それが朝鮮半島に定着して独自の青銅器文化に発展したものが、日本列島にもたらされた。弥生前期に併行する時期の韓国では、一基の石槨木棺墓に銅剣九点と多鈕鏡五面や、馬具から転化した有文の異形青銅器六点と、計二〇点もの青銅器を集中副葬した忠清南道東西里《トンソリ》遺跡のような例もある。弥生前期末併行段階になると、銅剣に銅矛・銅戈が加わって青銅武器三点セットがそろい、異形青銅器は急減する。こうした朝鮮半島の青銅器文化と、地域を統括する有力者が没するとそれら青銅器を一括して墓に副葬する流儀が北部九州に直接根付いたのである。

これら朝鮮半島出土資料と同じ型式の青銅武器は、のちに弥生社会で量産される武器形青銅器に比べて細身で鋭利であることから「細形」型式とよばれている。かつて細形青銅武器は、すべて半島からもたらされたものと考えられていたが、一九八〇年前後から福岡県や佐賀県・熊本県内の遺跡で、それらを鋳造する際に用いた鋳型が相次いで発見され、北部九州でもかなり製作されたことが明らかになった。しかも、前期末の福岡市諸岡《もろおか》遺跡や小郡《おごおり》市横隈鍋倉《よこくまなべくら》遺跡では朝鮮半島無文土器が遺跡内でまとまって出土し、また中期初頭の佐賀県土生《はぶ》遺跡や熊本市八ノ坪遺跡などでは朝鮮半島無文土器と弥生土器とが折衷した形態とつくりの土器が多く出土する。慶尚南道亀山洞《クサンドン》遺跡や勒島《ヌクト》遺跡など朝鮮半島側でも南岸沿いのいくつかの遺跡で弥生土器が多数みつかっており、海峡を隔てた両地域の人びとがこの時期に頻繁に往来していたことがわかっている。そして土生遺跡や八ノ坪遺跡などでは青銅器鋳型や製品も伴う。青銅器の鋳造は、朝鮮半島から青銅の地金を入手し、鋳型を製作し、青銅を熔解して鋳型に流し込むことが必要で、九州在来の技術ではとうてい不可能である。これらを考え合わせると、一定の青銅器鋳造工人が北部九州に移住し、半島側と同じ型式の青銅器を鋳造し、やがて後継者が育ち、製品も九州の人びとの求めに応じて徐々に形態変化していく様子を描くことができる。ただし、当時、半島側で製作されていた各種青銅器がみな九州でも製作されたわけではなく、銅剣・銅矛・銅戈・鉇《やりがんな》・小銅鐸は鋳造されたが、多鈕細文鏡・鈴付青銅器など、より複雑・高度な技術を要するものや銅斧・銅鑿《のみ》は製作されなかった。そのため、北部九州の出現期の青銅器は朝鮮半島のものと同じ型式であるものの、道具の組合せとしてはだいぶ簡素になっている。

鉄器も出現

弥生前期末～中期初頭に青銅器が導入され、北部九州でも鋳造が開始されるのと、ほぼ時を同じくして鉄器も出現する。七、八年前までは、弥生早期や前期にも少ないながら鉄器が存在するとみられていたが、それらの出土状態を再点検すると確実とは言いがたいものがほとんどであり、現在、鉄器は中期初頭以後に現われるとみるのが適切である。

そうした鉄器はみな鋳造鉄斧で、多くは破損した鉄斧片を研ぎ直して鑿などに再加工したものである。この鋳造鉄斧は、中国戦国時代の強国である燕《えん》の領域にみられる鉄器と形態が共通しており、中国東北部から朝鮮半島一帯に類例がひろがる(村上恭通『倭人と鉄の考古学』)。従来であれば、中国系の文物が日本列島までもたらされるのは、前漢の武帝代紀元前一〇八年に現在の平壌《ピョンヤン》付近に楽浪郡が設置されてからとみてきたが、これら鋳造鉄器はそれが楽浪郡設置以前に遡ることを物語る。ただし、流通量が少なく、また破損した場合でも鋳造や鍛造でつくり直す技術がないために、あたかも破損した石斧の刃部を研ぎ直して再生するような再加工を行なう状態にとどまっている。弥生時代に鉄器がひろく流通するようになるのは、韓国東南部で鉄器生産が明確になる紀元前一世紀(弥生時代中期後半)以後のことである。

三雲南小路と須玖岡本

吉野ヶ里遺跡の集落の変遷でみたように、弥生中期には前期までとは格段に規模が拡大した集落が出現し、社会の階層化が進行した。墓地では一部の人びとと、時には数人だけが手厚く葬られる状況となる。さらに、中期後半になると特定の個人が墓域を画して、格別な副葬品を独占する状態となる。

そのもっとも顕著な事例が糸島市三雲南小路《みなみしょうじ》遺跡と春日市須玖岡本遺跡D地点である。三雲南小路遺跡は、江戸時代の一八二二(文政五)年に「農長清四郎」が田圃の土で土塀をつくろうと掘り下げた際に、甕棺を掘り当て、銅鏡をはじめとするたくさんの遺物を見出した。それ

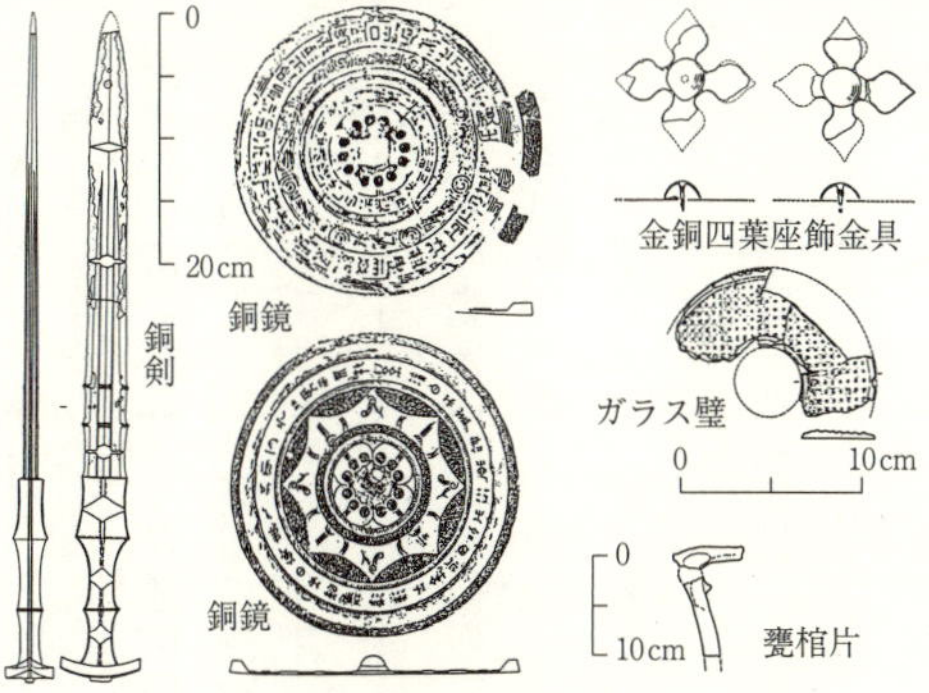

図3-7　福岡県三雲南小路1号甕棺墓の副葬品

らの遺物は、京都国立博物館に所蔵される銅剣・銅鏡各一点を除いて失われたが、幸いにも黒田藩の国学者・青柳種信が拓本や正確な図面と聞き取り調査の記録をのこしており、詳細な考古学的検討ができる。しかも、一九七四・七五年に福岡県教育委員会が再発掘して、江戸時代の掘削地と思われる攪乱穴から、種信が残した拓本の欠落部に合致する鏡片や、江戸時代に掘り出されたとみるべき甕棺の破片(1号甕棺)、さらに隣接して新たに甕棺一基(2号甕棺)を検出し、そこでも銅鏡など多数の遺物が確認された。甕棺は二基とも立岩《たていわ》式甕棺という弥生中期末に位置づけられる型式である。破片となった青銅器群を検討した調査者・柳田康雄は、次のように復原する(柳田康雄『九州弥生文化の研究』、図3-7)。

1号甕棺　前漢鏡三五(大型一・中型三四)、有柄銅剣(中細形)一、銅矛二(細形・中細形各一)、銅戈(中細形)一、金銅四葉座《しようざ》飾金具《かざりかなぐ》八、ガラス璧《へき》八、ガラス勾玉三、ガラス管玉一〇〇以上、朱多量、水銀朱少量、朱入り小壺一。

2号甕棺　前漢鏡(小型)二二以上、ヒスイ勾玉一、ガラス勾玉一二、ガラス璧片ペンダント一、朱少量。

岡村秀典によると、1号甕棺の銅鏡は、岡村が漢鏡2期とよぶ紀元前二世紀後半に遡るものが二面、他の1・2号甕棺の銅鏡群はみな漢鏡3期で、とくに五〇面ある銘帯《めいたい》鏡とよぶ銘文帯をもつ鏡のうち四九面が、四つに細分したうちのⅢ式、すなわち前一世紀第2四半期の型式に属すという(岡村秀典『三角縁神獣鏡の時代』)。

この二基の甕棺は、その後の調査で、周囲に幅四～六メートルの溝がめぐらされており、その大きさは溝の内側で一辺三〇メートルにおよぶ方形と確認された。副葬品の内容からみて1号甕棺が優位に立つ一組の被葬者のために、独立し、かつ突出した規模の墳丘墓が構築されたことが明らかである。

須玖岡本遺跡D地点では、一八九九(明治三二)年に長さ一丈五尺(約四・五メートル)・幅四尺五寸(約一・三六メートル)・厚さ九寸(約二七センチメートル)の大石の下にあった甕棺内から多数の銅鏡などがみつかった。出土品はたたりを恐れた村人が近くに埋めたが、のちにふたたび掘り出され、散逸するなどしたために全体像が明確ではない。一九三〇年の梅原末治の報告では、銅鏡三〇以内、銅矛五、銅戈一、銅剣二以上、ガラス璧片二、ガラス勾玉一、ガラス管玉一二とされ、近年銅鏡を再検討した岡村秀典は型式が確認できる銅鏡を二六面とする。また、東京国立博物館に出土地不詳と登録されながら、須玖岡本遺跡D地点と考えられる青銅器五点があって、それは銅矛七、銅剣一、銅戈一の破片(いずれも中細形)が接合されている。副葬品の全容を正確に把握するには困難を伴うものの、銅鏡は漢鏡2期が三面のほかはみな3期に属し、銘帯鏡が一六面に上るから、甕棺の型式を確認することはできないものの、銅鏡の組合せから立岩式甕棺とみて誤りないであろう。

須玖岡本遺跡では一九八〇年代以後の調査で、弥生中〜後期の埋葬が一〇〇基以上確認されているが、D地点甕棺の付近は未調査である。しかし、これだけ豊富な副葬品をもつ甕棺であるから、三雲南小路遺跡と同様に周囲からは独立した区画を設けていたと考えられる。

「王墓」という評価

三雲南小路遺跡は、現在の糸島市、旧郡名で糸島郡にある。糸島郡は一八九六(明治二九)年に律令時代以来の怡土《いと》郡と志摩《しま》(嶋)郡とが合併して生まれた名称で、三雲南小路遺跡は怡土郡にある。『魏志倭人伝』に出てくる伊都国の読みが現在まで引きつがれていると考えられる。いっぽう、須玖岡本遺跡は春日市にあり、遺跡のある福岡平野は奴国《なこく》の領域内と考えられる。もちろん『魏志倭人伝』は、二世紀末から三世紀中葉までの倭人の世界を記したもので、両遺跡の甕棺は紀元前一世紀中葉〜後半という二〇〇年も古い年代に属すから、伊都国や奴国という語を用いるのは躊躇するところである。しかし、この二遺跡の副葬品の内容は、『魏志倭人伝』の時代に先立つ伊都国と奴国の領域の最有力者の墓として「王墓」とよぶにふさわしい。その理由をいま少し述べよう。

さきほどみたように、三雲南小路遺跡1号甕棺と須玖岡本遺跡D地点の副葬品の内容はじつによく似ている。甕棺一基に前漢鏡約三〇面、そのうち二、三面が漢鏡2期の大型鏡、多くは漢鏡3期の銅鏡で、なかでも銘帯鏡が主である。この圧倒的な漢鏡の存在は、楽浪郡との密な交渉なくしてはとうてい考えがたい。前漢の記事を収めた『漢書地理志』に「楽浪の海中に倭人有り、分かれて百余国と為る。歳時を以て来り献見すと云ふ」という記載をまさに彷彿とさせるものである。また、銅鏡のほかに中細形、すなわち北部九州製の銅剣・銅矛・銅戈が伴う。武器形青銅器が伴うのは中期前半の厚葬墓の伝統を継承するが、漢鏡が圧倒的多数を占め、また装身具も中期前半の石製から前漢系のガラス製に一変している。前漢から入手したガラス璧をもつ点も共通する。本来、璧は天を祀る瑞玉《ずいぎょく》で、諸侯が招聘の儀礼の際に儀器としてもつものである。漢代には、各地の王侯の墓から玉衣や璧がしばしば発見されるように、王侯の死に際して皇帝から葬具として下賜されたと考えられる。町田章は、三雲南小路遺跡1号甕棺で検出された金銅四葉座飾金具も、漢では本来木棺に飾る金具であり、璧とともに楽浪郡から三雲南小路の被葬者の死に際して葬具として贈られたものだと指摘した(町田章「三雲遺跡の金銅四葉座金具について」)。つまり、三雲南小路遺跡1号甕棺や須玖岡本遺跡D地点の被葬者は、楽浪郡にとって東夷世界の倭にある百余国の最有力国の「王」として相応の評価が与えられていたと考えられる。すなわち、東アジアの古代国家の政治的世界とじかに関係をもつ時代に立ち入ったのである。

つづく弥生時代後期前半の紀元後一世紀前半にも、三雲南小路遺跡1号甕棺の被葬者、すなわち伊都国王の後継者とみられる井原鑓溝《いわらやりみぞ》遺跡甕棺墓が三雲南小路遺跡の南方で、これまた江戸時代に発見されており、楽浪郡を介した漢帝国との関係が継続していることが確認できる（後述、第5章）。しかし、ここでいったん北部九州よりも東方の諸地域の弥生中期までの様子をみることとしよう。

4　銅鐸祭祀の発達――近畿周辺

稲作技術の東方波及

弥生時代早期に北部九州で灌漑稲作がはじまってから、その情報や技術はどのように東方の諸地域に伝えられたのであろうか。まず弥生早期段階の稲作証拠をみると、岡山県南溝手遺跡や兵庫県伊丹市口酒井《くちさかい》遺跡・大阪府寝屋川市讃良《さら》郡条里《ぐんじょうり》遺跡・長野県飯田市石行《いしぎょう》遺跡など、中部地方以西の各地で土器（いわゆる刻目突帯文土器）に付着した籾痕が確認されている。ただし、ほぼ籾痕だけで、収穫具である石庖丁は口酒井遺跡でこの時期の可能性のある実例が、稲作用耕具も香川県林・坊城《ぼうじろ》遺跡などで一木づくりの鋤が検

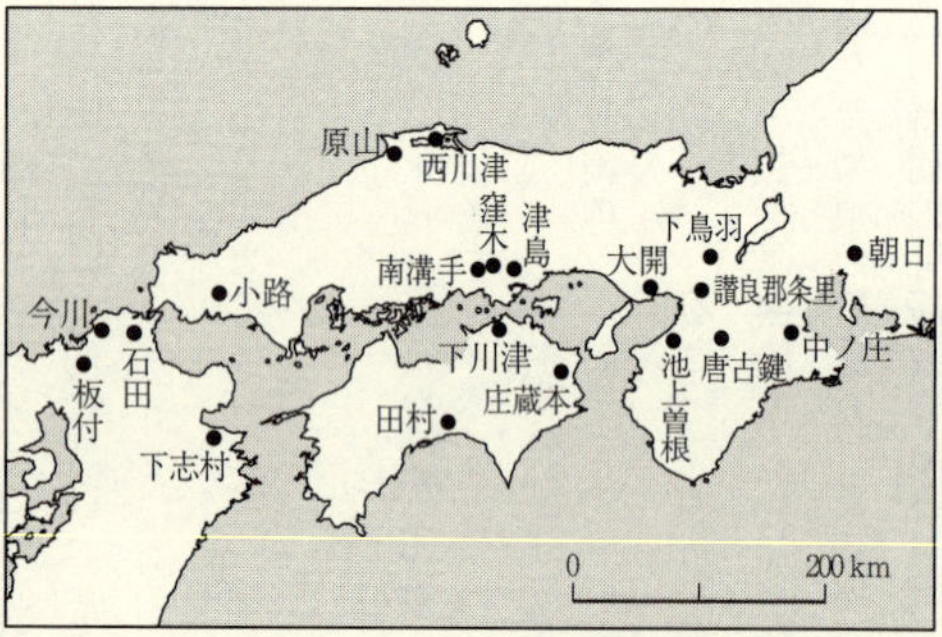

図 3-8　九州から近畿周辺の前期前半の代表的な遺跡

出される程度で、水田跡の検出例はない。弥生早期の北部九州では土器の器種に壺が一、二割を占め、壺と甕が相半ばする弥生的な組成に転換しつつあるが、これらの諸地域では壺はわずか数パーセントを占めるにすぎない。稲籾や稲作情報は伝えられ、小規模な稲作もはじまって、縄文後・晩期に多角化した食料資源リストのなかにコメが加わったと考えられ、縄文から弥生への過渡的な段階として将来的には弥生早期と扱うようになる可能性があるが、現在の考古学界では縄文時代のなか(晩期末)で理解しようとする慎重論が多い。

灌漑稲作が生業の基幹に据えられ、だれもが弥生時代の文化と認めるのは弥生前期初めからである。北部九州で板付ⅠB式ないし板付ⅡA式とよばれる、朝鮮無文土器と同種の製作技術に転換した土器型式と共通する特徴の土器群が、伊勢湾沿岸地域まで一気に分布をひろげる。こうした北部九州から伊勢湾沿岸までの広範な地域でほぼ共通する特徴をもつ弥生前期土器を、最初にこの種の土器の存在が確認された福岡県東部を流れる遠賀《おんが》川《がわ》の河川敷にある立屋敷《たてやしき》遺跡にちなんで、遠賀川系土器とよび慣わしている。

中国地方から伊勢湾沿岸までの最初期の遠賀川系土器を出す遺跡は、山口盆地の小路《しょうじ》遺跡、岡山平野の津島遺跡、高知平野の田村遺跡、神戸市の大開《だいかい》遺跡、大阪府の讃良郡条里遺跡、奈良県田原本町唐古鍵遺跡など小規模で遺物量も少ない(図3-8)。大開遺跡は北部九州以外で最初期の環濠集落のひとつであるが、住居数棟の周囲を、径四〇メートルほど、幅約一メートルの小規模な溝がめぐる、二〇〇〇平方メートルに満たない簡素な集落である。西日本では刻目突帯文土器の段階でも沖積地に小規模な集落が営まれているが、そうした集落とは別に遠賀川系土器を主とし、少量の突帯文土器を伴う集落としてこれらの遺跡が出現する。そのために、縄文系在来集団が村々を構えるなかに、西方から小規模な農耕民が移住してきて、沖積平野のなかで住み分けする状況を考える見解と、在来集団が西方から灌漑農耕技術を受容して新たに集落を構えたとみる考え、および二つの意見の折衷案など、いく通りかの考え方が出されている。

しかし、突帯文土器段階の遺跡がその後は姿を消すのとは対照的に、田村遺跡や唐古鍵遺跡がこのあとそれぞれ高知平野や奈良盆地の弥生時代を通じた拠点的な集落に成長するように、新たに出現した遠賀川系土器を主とする集落が弥生時代を通じた地域社会の核となることは重要である。

図3-9　大阪府池上曽根遺跡の大型掘立柱建物と井戸

拠点集落の象徴的建物

大阪府南部の和泉市と泉大津市にまたがる池上曽根遺跡は、右の諸遺跡よりも一段階おくれてはじまる遺跡である。前期中頃にはじまり前期後半には拠点集落となって中期末まで存続する。発掘調査によって集落変遷も比較的よくわかっているので、近畿中央部の環濠集落・拠点集落の典型とみることができる。

この地域では、池上曽根遺跡の南約一キロメートルに位置する池浦遺跡が、弥生前期前半の遠賀川系土器主体の遺跡としてまず形成される。まもなくこの池浦遺跡が姿を消すのと前後して池上曽根遺跡が出現することから、池浦集落からの移住によって池上曽根集落が形成されたという見方もある。沖積低地を流れる河道間の微高地上に立地する集落で、前期後半段階では遺跡内の数カ所に居住域が分散していたのが、前期末に約三ヘクタール規模の環濠集落となり、環濠外に方形周溝墓からなる墓域が設けられる。中期初頭には居住域が中央に集約されて東西二六〇×南北二八〇メートル規模（約五・六ヘクタール）となり、中期中頃には環濠が外側に拡張されて南北三二〇×東西二八〇メートル（約六・四ヘクタール）、さらに中期後半には環濠の外側にも居住域がひろがって直径四五〇メートル・面積約一一ヘクタールにもなる。集落の中心地区が未調査であるという制約はあるが、全盛期である中期後半の集落構造が注目される。

というのは、一九九三・九四年度の調査で、東西の柱間一〇間《けん》（＝柱が一一本並ぶ、一九・二メートル）、南北一間（六・九メートル）の大型掘立柱建物跡が検出されたのである（図3－9）。両妻側の壁の外側約一メートルの位置に屋外棟持柱《むなもちばしら》を備えた高床式建物で、床面積は約一三三平方メートルある。この建物は同じ位置に五棟が重複し、すなわち四回にわたって建て替えられている。最初は一回り小さく、棟の方位も異なっているが、二段階目から棟を東西に向けるようになり、中央南側に大型井戸が設けられる。この井戸は重複するので調査で現われたのは最終段階に属すが、直径二メートルあまりのクスノキの大木の芯を刳りぬいて井戸枠としている。

建物の規模の大きさ、棟が東西を向くこと、弥生・古墳時代には例をみない規模の井戸を中央南側に設けてあること、さらに環濠集落の中央やや西寄りの位置を占めることなどから、一般的な居住施設とは考えられず、神殿などの宗教的な施設だとする意見がある。しかし、むしろ共同作業施設や大型倉庫という実用的な面も考慮すべきだという見解もある。その場合でもまったく実用的な機能のみに限定して考えるよりも、共同作業施設であれば選ばれた集落構成員が何らかの共同作業に参加することを通じて帰属意識や結束意識が醸成される社会的機能とか、貯蔵倉庫であれば農業生産物の一部を集落として統括的・象徴的に管理するといった象徴的機能も含めて考えるべきであろう。

兵庫県川西市加茂《かも》遺跡でも、同じ中期後半の大型掘立柱建物跡が確認されている。三重以上めぐらされた環濠で囲まれた集落の中心部に設けられ、大型掘立柱建物跡の四周には二〜三重の溝が掘られており、区画塀もめぐると復原できる。また近畿では、農耕儀礼を核とする宗教儀礼に用いられた銅鐸や、宗教儀礼や観念世界を描いたと考えられる絵画土器でも、独立棟持柱高床建物が描かれる例がある。こうした事例から考えても実用的機能だけでなく、象徴的・宗教的な意味をもつ行為・儀礼が行なわれる場として機能したと考えたい。

そしてこうした大型独立棟持柱建物は、唐古鍵遺跡では中期初頭に遡る事例が確認されており、拠点集落が飛躍的に成長した前期末から中期初頭には、主立った集落にはそれぞれ備わっていたものとみてよいであろう。

銅鐸の鋳造

北部九州で弥生前期末〜中期初頭に朝鮮半島と同じ型式の武器形青銅器が製作されはじめたのと歩調を合わせるように、近畿周辺でも青銅器の鋳造がはじまった。和歌山県御坊《ごぼう》市堅田《かただ》遺跡では、前期末の土器を伴った銅鉇《やりがんな》の鋳型と鋳造遺構が検出され、京都府向日《むこう》市鶏冠井《かいで》遺跡や名古屋市・清須市朝日遺跡、福井県坂井市加戸下屋敷《かどしもやしき》遺跡で中期初頭

〜前葉の銅鐸鋳型、兵庫県尼崎市田能《たのう》遺跡で中期前葉の銅剣鋳型がみつかっている。この段階の銅鉇や銅剣は残念ながら製品が確認されていないが、銅鐸は菱環鈕《りょうかんちゅう》式や外縁付鈕I式など中期初頭〜前葉の型式の製品が近畿地方とその周辺に分布する。

弥生社会に青銅器をもたらした、いわば出身地である朝鮮半島では、武器形青銅器(銅剣・銅矛・銅戈)と小銅鐸・異形青銅器・多鈕細文鏡・銅利器(斧・鑿・鉇)がセットをなしている。しかし、これを受容した弥生社会では、異形青銅器は抜け落ち、多鈕鏡と銅斧・銅鑿は製品だけがわずかに舶載され、武器形青銅器・(小)銅鐸・銅鉇が自前で製作された。しかも、北部九州ではおもに武器形青銅器が鋳造され、小銅鐸・鉇はわずかながら製作されるにとどまったのに対して、近畿方面ではおもに銅鐸を盛んに鋳造し、武器形青銅器・銅鉇も少数製作するというように、地域ごとに鋳造する青銅器の種類が異なる。しかも、北部九州では朝鮮半島と同じ型式が再現されるのに対して、近畿方面では、朝鮮式小銅鐸が高さ一〇センチメートルあまりと小型で、しかも無文である一方、銅鐸は高さ二〇センチメートル以上と大型で、身や吊り手(鈕)を盛んに装飾するというように、原型を大きく改変するという違いがある。

弥生時代の遺跡でみつかる朝鮮半島型式(細形)のうち九州製品の割合がどの程度かがわからないので、なかなか比較は難しいが、原料となった青銅の地金の量は、北部九州と近畿方面とでは著しい違いはないように思われる。青銅器中に数パーセント含まれる鉛の同位体比分析によると、弥生中期初頭〜前葉の青銅器の地金は朝鮮半島西部産と考えられ、中期後半以後に中国本土の地金が用いられるようになる。こうした地金の供給地の推移にかかわらず、北部九州と近畿方面とで地金流通量に違いはない。青銅器製作技術は、当時のいわば最先端技術であるが、その技術レベルも海外からの原料供給量の点でも両地域間の違いはなく、製作される製品の選択に差異があったことになる。そして銅鐸は、扁平鈕式という中期後半の型式になると、大阪平野の河内地方や摂津《せっつ》地方、播磨《はりま》方面など各地方の中心的集落で集中的に生産されるようになる。これは環濠集落の発展と歩調を合わせた現象であり、銅鐸が近畿地方の弥生社会にとって重要な役割を果たしたことを反映している。

銅鐸の役割　では、銅鐸は何に用いられたのであろうか。それを知るには、銅鐸の構造、絵画、出土状態などが手がかりとなる(図3-10)。銅鐸の本体は、横断面が厚いレンズ形をした中空の身の部分と、その上方のつり手(鈕《ちゅう》)からなる。身の上面(舞)中央には孔が穿たれ、そこに青銅や石などでできた棒状の舌《ぜつ》を垂らし、銅鐸の身の内面下方には突帯《とったい》がめぐっており、銅鐸を振り鳴らした際に舌を受ける構造になっている。弥生中期の銅鐸では、繰り返し舌が打ちつけられて内面突帯が磨り減っている例が認められ、激しく振り鳴らした音響具であることがわかる。吊り下げて振り鳴らすのにふさわしい、吊り手が肉厚な断面菱形の菱環鈕式から、菱形部の外側(外縁付鈕式)、さらに内側にも平たい装飾の帯がつき(扁平鈕式)、さらに後期になると吊り手は板状となって吊り手としての機能が急減する（突線鈕式）。この型式順にサイズも大きくなり、突線鈕式のもっとも新しい型式では高さ一三四・七センチメートル、重さ四五・五七〇キログラムにも達する実例がある。中期には吊り下げられて、宗教儀礼のパフォーマンスに用いる実用の音響具であったのが、後期の突線鈕式は音響具としての機能を失っていく。もちろん、長年存続した儀礼パフォーマンスのなかで、みるだけでも音響を感じえたのであろう。

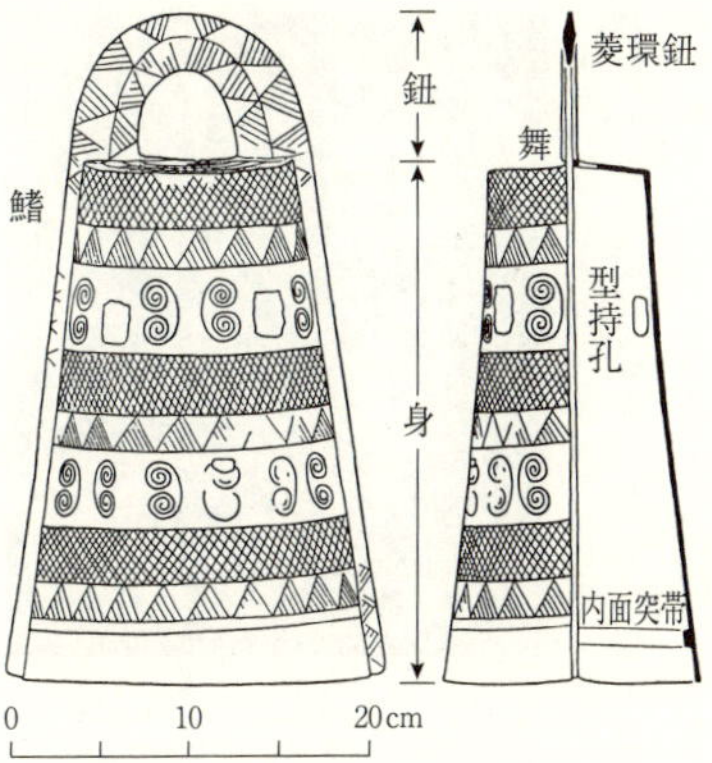

図 3-10　銅鐸の構造と部位名称（兵庫県神種）

現在、銅鐸は約五〇〇点が知られており、そのうち六一点に絵画表現がある。そのなかに描かれた対象を数えると四〇〇あまりあり、そこではシカが圧倒的に多く三割以上を占め、次いで人物、魚、クビの長い鳥、イノシシの順に多い。描かれたシカは角が描かれておらず、土器絵画では半数以上に角が表現されるのと異なっている。春成秀爾《はるなりひでじ》は、角のないシカとあるシカは春と秋のシカを表現したものであり、角の成長とイネの成長を重ねたのではないかとみる（春成秀爾「角のない鹿」）。弥生時代の西日本で

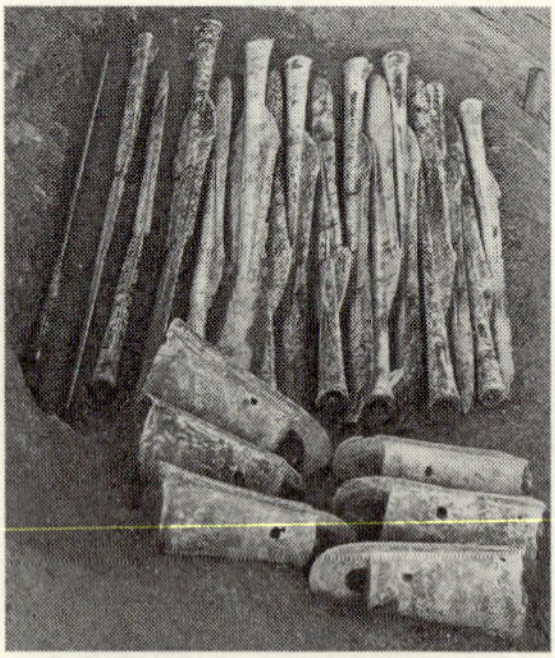

図3-11　島根県神庭荒神谷遺跡の銅鐸・銅矛埋納坑

はシカの捕獲量が少なくなる現象や、後世の『播磨風土記』『豊後《ぶんご》風土記』や民俗例のなかにシカと稲作とのかかわりを示す事例があることも参照して、シカを聖獣、すなわち土地の精霊とする観念があったとみる。鳥もまたイネの精霊、稲魂《いなだま》の象徴であり、脱穀場面の絵画も豊作を祈る観念の表現ともとれる。象徴的な意味をもつ絵画が銅鐸に描かれるのは、銅鐸絵画が単に日常の場面を表現するのではなく、むしろ弥生人の農耕にかかわる物語を表現したからと考えられる。銅鐸が打ち鳴らされるなかで物語が詠じられて、豊穣を祈る農耕儀礼のパフォーマンスが繰りひろげられたのであろう。これが集落内で用いられる銅鐸の役割であったと考えられる。

しかし、銅鐸はしばしば集落を離れた山中などで発見される場合がある。一八八一(明治一四)年に一四点、新幹線工事用土取り中の一九六二年に一〇点の計二四点もの銅鐸がみつかった滋賀県野洲《やす》市小篠原《こしのはら》遺跡は湖東の平野を見下ろす標高一二五～一五〇メートルの山の斜面、一九六四年土取り工事中に銅戈七点とともに銅鐸一四点がみつかった神戸市桜ヶ丘神岡《かみか》遺跡は六甲山地南麓の標高二四三メートルの丘陵上である。出雲地方になるが、一九九六年に銅鐸三九点が農道工事中に発見された島根県雲南市加茂岩倉遺跡は集落がある出雲平野側からは見通せない山中、一九八五・八六年に道路工事の事前調査で銅剣三五八点・銅矛一六点・銅鐸六点が発掘された斐川《ひかわ》町神庭《かんば》荒神谷《こうじんだに》遺跡も出雲平野から山寄りに入った谷あいにある。いずれも集落からずいぶん離れた地点に銅鐸が埋められている(図3−11)。これらは、埋納とよばれ、何らかの目的をもって意図的に埋められたと考えられる。また、後期の例だが和歌山県南部のみなべ町一帯では弥生時代集落が希薄であるのに、山寄りに一点ずつ六カ所で銅鐸が出土するような事例もある。こうした地点は通常は発掘調査の対象とはならないので、工事中に偶然発見される場合がほとんどである。

意図的に埋められた銅鐸という例は山中にとどまらない。ここ一〇数年来、通常の平野部にある遺跡調査の際に銅鐸が土中に埋納された状態で検出される事例が出てきた。大阪府八尾市跡部《あとべ》遺跡や愛知県一宮市八王子遺跡、岡山市高塚《たかつか》遺跡では集落内の一角、奈良県桜井市大福《だいふく》遺跡や徳島市名東《みょうどう》遺跡では方形周溝墓の墓域内に埋納されている。九州で初の出土例となった佐賀県吉野ヶ里遺跡でも、福田型という九州製の銅鐸が、集落の北方約五〇〇メートルの地点に埋納されている。これらは入念な調査が行なわれ、土中に穴を掘ったのちに銅鐸の鰭《ひれ》を立てたり、鈕を下に倒立させて、土で支えながら丁寧に埋納した様子が観察されている。これらの例から、居住域であろうと墓域であろうと、集落の中でも外でも、また単体でも多数埋納でも同じように立て並べており、銅鐸埋納法には定まった方式のあることがわかる。銅鐸は農耕祭祀儀礼に用いられるとしても、最終的に一定の方式で埋納されているから、何らかの目的のために埋納されていることは確かである。春成が説くように、豊穣祈願儀礼の場で音響を発する銅鐸は、しばしば絵画で豊穣の物語が描かれており、豊穣や生命の象徴であったと考えることもできよう。それを地中に埋納するのであるから、地霊を鎮める役割を担うなどと考えると理解しやすい。埋納が集落内の居住域であれば足元でムラの存続・安寧を祈願し、ムラの境界領域である集落外の山あいなどは外部からの悪霊や危害を防ぎ、墓域では祖霊への危害を防ぐなどが意図されたのではないか。

九州との違い

このように北部九州と同様に近畿でも多数の青銅器が製作された。近畿では銅鐸が多数製作され、周辺に流通し、各地で農耕儀礼に用いられた。しかし、中期の北部九州では銅鏡とともに武器形青銅器は、威信財として個人に帰属し、甕棺に副葬されるのに対して、近畿周辺の銅鐸は農耕祭祀・宗教的儀礼具として集団に帰属し、集落ないし集落群ごとに保有される。儀礼の場面ではパフォーマンスを執り行なう司祭者がいても、社会的に突出した個人として扱われるわけではない。

墓制の面から見ても、中期の近畿地方では突出して優位の扱いを受ける個人の墓はない。あれほど大規模な拠点集落が点在し、池上曽根遺跡でみたような象徴的役割を果たす機能をもつ中心的建物が構築される状況になりながら、墓地からみると北部九州のような隔絶した厚葬墓はみられない。尼崎市田能遺跡の方形周溝墓では、ともに男性が被葬者の16号木棺では六三二点以上の管玉からなる首飾り、17号木棺では左手に銅釧《どうくしろ》（腕輪）一点を装着していた。しかし、これも装身具であって、北部九州のような青銅製の武器や鏡の副葬品とは同列には扱えないであろう。大阪市加美《かみ》遺跡Y－1号墓のように、二六×一五メートル、高さ二メートル弱におよぶ大型の墳丘がある場合でも、二三基もの木棺が納められ、副葬品が集中することはない。北部九州とは異なる、個人が突出しない社会であったことがわかる。

先述のように、九州の武器形青銅器と同様に、銅鐸の原料も、中期前半は朝鮮半島西部、中期後半は中国の黄河中流域と、大陸から多量の青銅地金を入手していた。奈良県唐古鍵遺跡の土器に描かれた、漢代の画像石《がぞうせき》の絵画を思わせる楼閣の絵画も参照すると、大陸からの物資や情報が近畿地方にも北部九州とくらべて遜色がないほどであるにもかかわらず、両地方が異なる社会を構築していたとみてよかろう。

さて、より東方の東日本はどうであろうか。

5　環濠の採用——中部・関東

縄文から弥生へ

東日本の弥生文化は縄文伝統が著しい、とよく評される。先述のように、一八八四年に東京大学裏手にある弥生町向ヶ岡貝塚でみつかった一個の壺から、弥生式土器や弥生時代という名称が生まれた。この壺は、現在弥生後期後半と考えられているが、その胴上部にも縄文が施されている。しかし、近畿から中・四国の弥生土器にみられる櫛描文も、また西部瀬戸内から北部九州の弥生土器の突帯文も、じつは縄文土器の伝統を引き継ぐものである。弥生文化を構成する要素のひとつが縄文伝統であることを忘れてはならない。東日本で縄文時代以来の伝統が根強い点は、西日本の弥生文化との本質的な違いというよりも、相対的なものと考えたほうがよい。ただし、中期中頃(紀元前二世紀頃)になると、東日本も西日本との文化的連動性が明瞭になってくる。

東日本への稲作情報の伝達からみていくと、北部九州で灌漑稲作がはじまったのと同じ頃の土器に付着した籾痕が長野県の石行遺跡でみつかっているが、この地で稲作が行なわれたかどうかは確認できない。前期前半から中頃になると、西日本弥生前期の標識である遠賀川系土器を主とする集落が、濃尾平野一帯に出現する。なかでも朝日遺跡は、木曽川の支流と庄内川水系が出合う濃尾平野の低地部に立地する遺跡で、前期前半に出現して中期には四ヘクタールの居住域が南北に併存する大規模集落となり、後期まで存続する。中期前葉には最古級の銅鐸が鋳造されていることからわかるように近畿方面と連携し、かつ各種遺物からみて東日本とのかかわりも明瞭である。朝日遺跡を中心に濃尾平野は、弥生時代前期から西日本的弥生社会の東端の地域となり、かつ太平洋側で東西日本をつなぐ扇の要の役割を果たす地域となった。

しかし、濃尾平野より東の中部・関東地方では、西日本の遠賀川系土器とはまったく異なる、貝殻やササラ状具で器面を引っかいた条痕文の土器群が分布し、それに東北地方に源流がある各種の文様のある土器が伴う世界がひろがっている。集落は台地上に立地し、住居跡は確認された実例が乏しいが、数軒というのが通常のようである。弥生前期段階では農耕社会とよぶには躊躇する状況であり、それは中期初頭まで続く。

生業の様子を知る手がかりも少ないが、弥生前期の貯蔵穴と考えられる土坑一四基が見つかった神奈川県西部の大井町中屋敷遺跡では、第九号土坑からアワ一八七一点・コメ三九三点・キビ二六点・イヌシデ節《せつ》四点・トチの実三点・マメ一点などの種実が確認されている。この遺跡は、大磯丘陵西北部の谷あいにあり、稲作にふさわしい立地とはいいがたいので、まとまって出土したコメをどう考えるか、さまざまな意見がありうる。しかし、縄文時代後・晩期にはトチ・クリなどの各種堅果類が組み合わさった複合的な堅果類利用が行なわれ、マメ類も前・

中期以来利用されている。中屋敷遺跡は縄文後・晩期の食料源の多角化の一環として、新たにコメと雑穀類が採用された状況を示していると考える。コメは、小規模ながら付近に設けられた灌漑水田で栽培されたであろうし、キビやアワは畠作物である。食料生産の場も多角化していることを知ることができる。東日本では、弥生時代早期ではなく、前期段階から弥生時代に入ったと考えるが、それとてただちに本格的な灌漑稲作を採用した様子はなく、社会変化も明確ではない。

突如出現する本格的農耕集落

中屋敷遺跡は中期初頭に終焉を迎える。ところが中期中頃になると、沖積平野のなかに突如本格的農耕集落が出現する。中屋敷遺跡と同じ神奈川県西部にある小田原市中里遺跡は、その転換を鮮やかに示してくれる。中里遺跡は、酒匂《さかわ》川が形成した足柄平野のなかに立地し、約四ヘクタールの居住域の南側に方形周溝墓からなる墓域がひろがる(図3-12)。一九九八年の調査で、竪穴住居跡九七基・掘立柱建物跡六八基がみつかった。住居跡が三基重複する例があるので、一時期の住居・建物の数は三分の一程度とみても、中期前葉までとは一桁違う住居数と面積の大型集落である。居住域の中央寄りの三カ所に独立棟持柱付掘立柱建物があり、北西側の一棟は柱間二間×七間(四・四×一〇・五メートル)もの規模であった。居住域の周囲を河道が蛇行して流れ、北東部では人工的に直線溝を掘削して居住域を区画してある。井戸六基や掘立柱建物がこれほど多数検出された遺跡は、関東地方ではこれまでに実例がないタイプの集落である。太形蛤刃《はまぐりば》石斧・抉入柱状片刃《えぐりいりちゅうじょうかたば》石斧・扁平片刃石斧など木製農具を製作する工具のセットがそろうことや、この集落の立地と規模からみて、本格的な稲作農耕に基盤を置く集落であることは確実である。この遺跡出土土器のなかに、東部瀬戸内方面から搬入された大型壺が数パーセントあることから、瀬戸内方面との間を行き交う人びとを介して、彼地から新しい集落形態や本格的な農耕技術を導入して、それまで丘陵寄りを生活の場としてきた人びとが、一気に集住を行なってできあがった集落と考えられる。

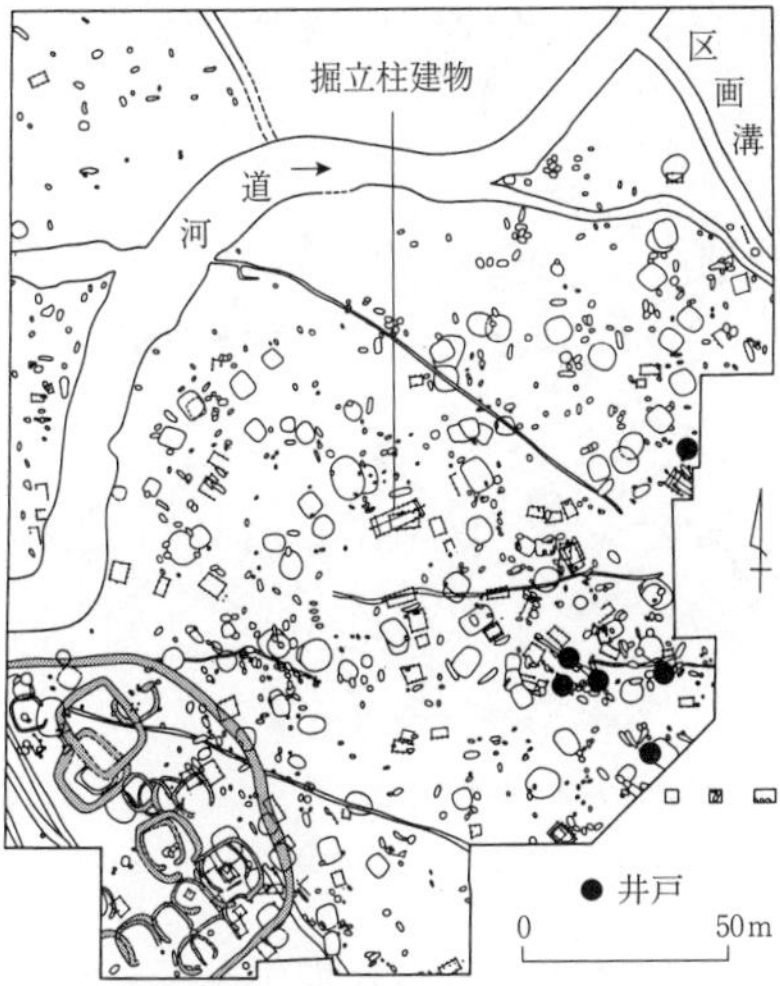

図 3-12　神奈川県中里遺跡．左下の網がけした遺構は弥生後期の環濠集落

　中里遺跡のような中期中頃に沖積低地に生活の拠点を置く集落は、相模川流域の海老名市中野桜野遺跡や千葉県側でも小糸《こいと》川流域の常代《とこしろ》遺跡のように南関東各地に出現している。そしてこれに続く中期後半になると、各河川流域に約二ヘクタール規模の環濠集落が群在するようになる。とくに横浜市北

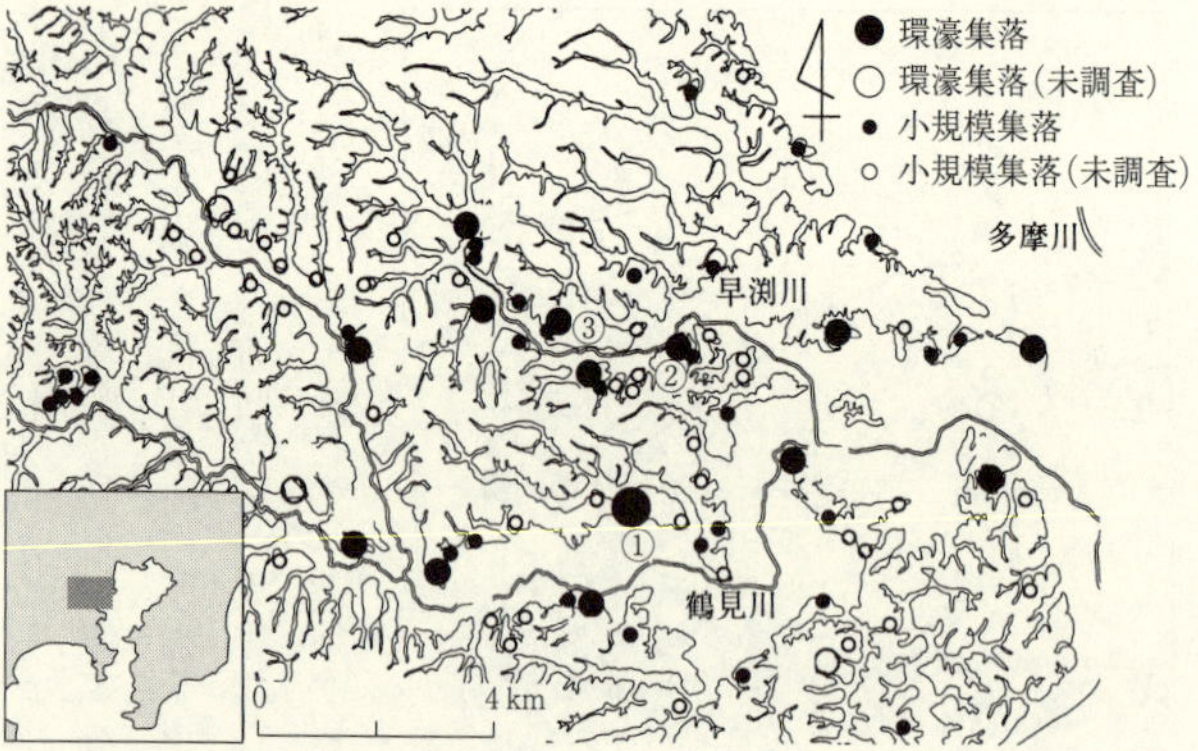

1. 折本西原遺跡, 2. 権田原遺跡, 3. 大塚・歳勝土遺跡

図3-13　鶴見川流域の弥生中期後半の集落群

部の鶴見川流域ではほぼ東西一五×南北六キロメートル圏内に、一七遺跡もの環濠集落が二キロメートル内外の間隔をおいて群集している（図3－13）。さらに中期末になるとこれらの環濠集落の間に小集落が点々と現われており、安藤広道はこの流域の人口は集落群が出現した段階で約五〇〇名、その後その数倍に増加したと復原する（安藤広道「人口論的視点による集落群研究の可能性」）。しかも、環濠集落一七遺跡のなかで鶴見川本流沿いの折本西原《おりもとにしはら》遺跡は当初四ヘクタール、のち八ヘクタール、鶴見川支流の早渕《はやぶち》川沿いでは権田原遺跡が四ヘクタールと各河川沿いに大型集落がひとつずつある。しかも、通常は環濠の外側に墓域が設けられるにもかかわらず両遺跡では環濠内の居住域に有力者が埋葬される大型方形周溝墓が一、二基築かれている。この二遺跡以外の環濠集落は、

いずれも約二ヘクタールの規模であり、環濠の内外で居住域と墓域に明確に分かれている。大塚・歳勝土遺跡の大塚地区は居住域が全面発掘されており、延べ一二五基の住居が検出されている。一時期二五基内外の住居からなるムラと考えられる。こうした集落規模が数ランクあることや大型集落では有力者の存在を予想されることから、河川流域ごとの集落群は一定程度組織立てられた地域社会を構成していたと思われる。

北陸や中部高地も

こうした本格的な農耕社会が形成される過程は、細部では違いはあっても、北陸や中部高地でも確認することができる。北陸の福井・石川両県域では台地が発達しないという地形環境条件もあって、縄文時代から沖積地に集落を構えている。しかし、弥生前期になるとそれまでの集落とは別に沖積地内にその後の本格的な弥生農耕集落に発展する遺跡が出現する。

例えば、小松市八日市地方《ようかいちじかた》遺跡では、潟湖をめぐる浜堤上に、弥生前期に新たな小規模の集落として出現し、中期前葉に一ヘクタールほどの環濠集落となり、中期中頃には三ヘクタールに拡大して中期後半まで存続する。この遺跡では、中国地方に特徴的な分銅形土製品や濃尾・近畿以西に多い銅鐸形土製品、鳥形や剣形の木製品といった祭祀具が多数出土することや、北近畿や中部高地、濃尾平野方面からの土器が出土することなどが注目される。また、盛んに管玉を生産して周辺地域に供給するなど、日本海側で東西日本をつなぐ扇の要の役割を果たした集

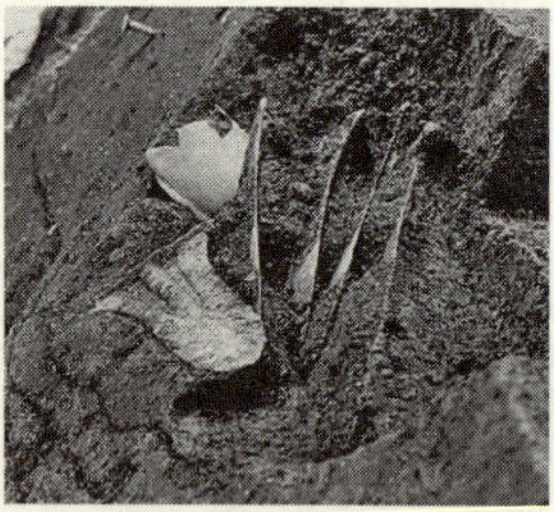

図3-14　長野県柳沢遺跡の銅戈・銅鐸埋納坑

落である。そしてこの八日市地方遺跡の最盛期の中期中葉に富山・新潟・佐渡といった北陸北半部でも、いっせいに環濠集落が出現するなど本格的な稲作農耕社会へと急展開する。

中部高地も、中期前葉までは縄文時代晩期後半と同様の小規模集落ばかりであったが、中期中葉になると長野県北部に本格的な農耕集落群が出現し、長野市松原遺跡は中期後半には八〇〇×三〇〇メートルもの巨大な集落となっている。土器の特徴や住居構造から考えると北陸経由で西日本的な文化要素が導入されたと考えられる。また、中野市柳沢遺跡では居住域に隣接する墓域と水田域の中間地点に銅鐸一点と銅戈七点（近畿型六・九州型一）が土坑に埋納された遺構が検出され（図3－14）、遺構確認前の掘削土からさらに銅鐸四点と銅戈一点もその後、見出された。従来も大町市の神社に銅戈一点が保管されていることは知られていたが、確実な銅戈の出土例は中部地方にはなく、銅鐸も中期段階の型式は、日本海側では福井平野、太平洋側では濃尾平野までであったから、その驚きは尋常ではなかった（長野県埋蔵文化財センター『北信濃　柳沢遺跡の銅戈・銅鐸』）。しかし、中部地方一円から南関東まで中期中頃に急激な社会変化が起きていることをみると、同様の遺構が将来的にはこの地域でみつかる可能性がないとはいえない。

ところが、太平洋側では利根川流域、日本海側では新潟県北部よりも北側の東北方面では、かなり様子が異なる。それを次節でみてみよう。

6　色濃い縄文の伝統――東北

遠賀川系土器と稲作の受容

西日本で弥生時代前期の指標である遠賀川系土器は、九州から太平洋側では濃尾平野、日本海側では若狭湾周辺までの範囲に分布する。それ以東の中部・関東地方になると、濃尾平野などから搬入されたと考えられる壺の破片が、ごくまれに一遺跡に一、二点発見されるにすぎない。ところが、東北地方の庄内平野から秋田平野、津軽平野、青森県東部の馬淵《まべち》川流域、仙台平野の諸地域では、遠賀川系土器と酷似する壺と甕が出土するという不思議な状況が知られている。

似てはいるが、同じではないのが重要である。壺の底部の大きさと形や頸部のくびれ方が西日本の実例とは異なるし、甕も外面に縄文が施されたものが少なくない。土器の形を作る際に遠賀川系土器では「粘土帯による外傾接合」という成形技法をとるのに東北地方にはそうした実例はないことなどから、西日本から搬入されたものとは考えがたい。しかし、その形態や装飾の特徴はじつによく似ており、西日本からもたらされた少数の遠賀川系土器が、東北地方で模倣されて製作されたことは疑いない。しかし、岩手県域から宮城県北部、秋田・山形・福島三県の内陸部ではこうした土器が稀薄である。東北地方でも海沿いの平野部に限って分布することは、西日本との交流のもとにこうした土器が製作されたことを思わせる。西日本の遠賀川系土器と区別して、模倣遠賀川系とよんでおこう。

模倣遠賀川系土器は搬入品ではないが、この他少数ながら西日本から持ち込まれたと思われる文物や技術もある（図3－15）。八戸市荒谷《あらや》遺跡では、小さな土坑に埋設された砂沢《すなざわ》式という在来系の弥生前期土器のなかに抉入柱状片刃石斧が一点収められていた。東日本ではこの一例以外に前期に遡る出土例はない。同市是川中居《これかわなかい》遺跡でも、おそらく墓と思われる土坑に埋設された広口壺のなかから緑色凝灰岩製の直径七～八ミリメートルの管玉が一〇点出土した。この土器は弥生前期末か中期初頭のいずれか判断が微妙であるが、東日本で最古の弥生管玉である。これら抉入柱状片刃石斧と管玉は、中部・関東にまったく類例を探すことができないから、弥生時代前～中期初頭に西日本から海路によって東北地方にもたらされた文物とみなしてよいで

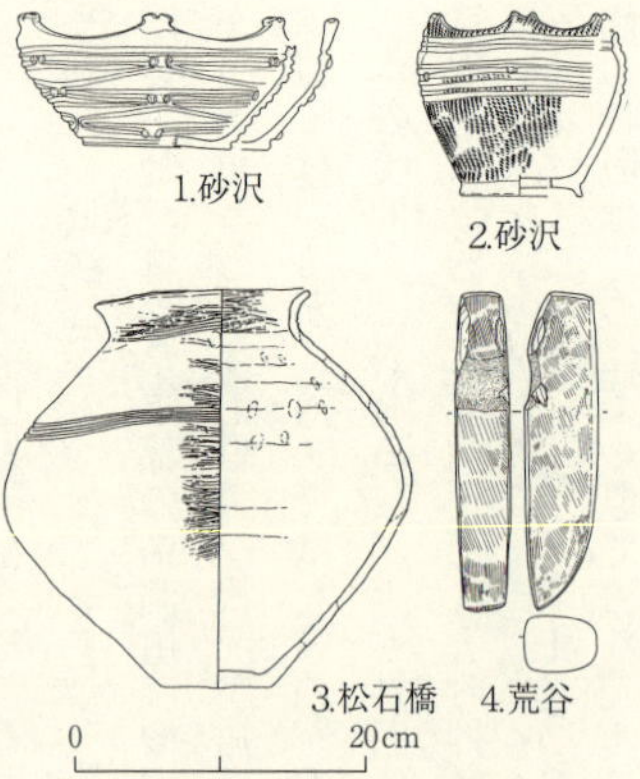

図3–15　青森県域の弥生前期遺物．砂沢式土器(1・2)，模倣遠賀川系土器(3)，抉入柱状片刃石斧(4)

あろう。

しかしこれらの文物以上に注目したいのは、灌漑稲作技術である。津軽平野の弘前市砂沢遺跡では、模倣遠賀川系土器をふくむ多数の砂沢式土器を伴って、約六×一一〜二二メートルの長方形区画の水田面が六面検出され、灌漑用の水路も併設されていた。東北地方で前期に遡る水田跡はほかに確認されていないが、庄内平野の生石《おいし》2遺跡で炭化米が出土し、各地の弥生前期土器に付着した籾痕もあるから、東北各地でも、条件が見合う場合は灌漑稲作が行なわれたと考えられる。

図3‐16　東北地方の遺跡

水田開発と集落

東北地方では、弥生前期に導入された灌漑稲作が、中期前葉以後になると各地に定着したとみられる(図3‐16)。砂沢遺跡と同じ津軽平野にある田舎館《いなかだて》村垂柳《たれやなぎ》遺跡では、

図3-17　津軽平野の弥生中期水田跡
（青森県垂柳遺跡）

総延長約一・五キロメートルの範囲の四カ所に二・二〜二・七ヘクタールほどの水田域が造成されている状況が把握されている（図3－17）。仙台平野の富沢遺跡群では、中期初頭から後期まで八面にわたって水田面が検出されているが、中期中葉では六〜一四ヘクタールの水田域が三カ所確認されている。もちろん東北一円が同様の状況であったとまではいえないまでも、条件がよい地域ではかなり大規模な水田経営が行なわれていたことはわかる。仙台平野の高田B遺跡や中在家南《なかざいけみなみ》遺跡では河川跡から豊富な水田耕具が検出されている。

　ところが、中期段階には東北地方のどこにも関東・中部以西のような集住する集落を見出すことはできない。例えば、弥生前期〜中期初頭の集落の全容がわかる秋田市地蔵田《じぞうでん》B遺跡では、三〜四棟の住居が繰り返し建て替えられている。住居面積が五〇〜一二〇平方メートル内外と、ほかの遺跡の事例をみても、縄文時代晩期に比べて大型の住居の比率が増大している。このことから、縄文晩期には二〜三棟の住居に分かれて居住していた人びとがこの時期には一緒に住むようになるなどの、居住者の編成替えが弥生時代初めに行なわれたとしても（高瀬克範『本州島東北部の弥生社会誌』）、集落単位でみた場合、関東以西のような規模の集住とは大きく異なっている。東北の弥生時代で集落の全容を把握できる事例はほとんどないが、地蔵田B遺跡以上の規模の集落は考えにくい。小規模集落が分散的に居住し、耕地としての地形条件が見合う地区に大小の灌漑水田を造成して管理する方式が一般的であったと思われる。

かなり本格的な水田経営を行なっているが、農具や耕具製作用工具を除く石器類をみると、打製石鏃と石錐・携行用ナイフ（石匙）・凹石《くぼみいし》・磨石などの生業用具は縄文時代晩期から大きな変化はない。狩猟や堅果類の利用はなお継続し、稲作を取り込んだ複合的な生業形態であるとみてよい。縄文時代以来の生業が弥生時代になっても引きつがれているという点で興味深いのは、松島湾沿岸における縄文時代晩期から弥生時代中期までの遺跡群の推移である。この地域は縄文晩期後半までは盛んに貝塚を形成していたのが、晩期末期には遺跡数と規模を減じながらも継続し、当地域の晩期に特徴的な土器による製塩も弥生中期まで連綿と存続する。

このように東北地方では、東日本のなかでは比較的早い段階に灌漑稲作を採用し、縄文時代からの複合的な生業に新しい生産方式を加えた。集落のありようが全面的に変化することはなかったが、耕地の開拓や管理の面から居住単位の再編成など一定程度の変革は行なわれたと考えられる。

縄文的祭儀具の終焉

東北地方で水田稲作を受容したことは、なにも経済面に変化をもたらしただけではなかった。東北地方縄文晩期の亀ヶ岡文化を特徴付ける土偶・石棒・石剣・独鈷《とっこ》石といった祭儀用器物が激減したし、縄文時代に儀礼の場で盛んに用いられた漆器もほぼ姿を消した。縄文時代中期から晩期にかけて徐々に進行した気候の寒冷化のために、縄文中期段階では環状集落のような安定的な集落を営んでいたのが、これを維持できなくなり、小規模集落として分散居住するようになる。そうした環境変動への適応として、植物質食料の獲得や狩猟・漁撈など各種生業の技術の改良や多角化を進めるとともに、宗教面でもさまざまな儀礼が執行されて社会の安定を願った。土偶などの祭儀具はそうした宗教儀礼の発達を如実に示す資料と考えられる。

ところが土偶は、弥生時代になっても前期までは東北一円に見られたが、中期中頃になるとほとんど姿を消し、模倣遠賀川系土器が普及しなかった北上川流域でわずかに中期末まで存続したにすぎない。縄文晩期の亀ヶ岡文化では、編み籠に黒漆を塗り重ねた上に赤色漆で曲線的な文様を描いた籃胎《らんたい》漆器だけでなく、土器自体にも漆を塗る陶胎《とうたい》漆器も多数製作されたが、弥生時代になると東北地方ではまったく漆器の姿をみることはできなくなる。弥生時代における亀ヶ岡文化系の漆器は、むしろ東北地方から遠く離れた近畿地方で優品が知られている。稲作の採用は、緩やかではあるが確実に社会の各方面に影響を与え、縄文時代の諸伝統を変質させていった。

北海道系文化の影響

弥生時代前期から中期にかけて津軽平野まで水田稲作が普及したものの、弥生中期後半から後期前半まで津軽平野では遺跡の存在を確認できなくなる。中期後半の段階では、仙台平野や山形盆地などでは一時的に遺跡の断絶がみられるものの、中期末にはふたたび集落群が展開し、仙台平野では富沢遺跡群などでかなり広大な水田経営が行なわれており、規模が縮小しながらも後期にも水田経営は継続する様子が確認できる。

ところが、この中期後半から、東北地方ではそれまでとは異なる文化動向が現われはじめる。すなわち、北海道系のいわば北方文化の影響が徐々に明確になってくる。中期後半になると、日本海側の秋田県域から新潟県北部域までの地域に宇津ノ台《うつのだい》式という土器型式が分布するようになる。この宇津ノ台式土器は、北陸の小松式土器という西日本系櫛描文手法が盛んな土器型式の影響を受けて、土器製作の際にハケメ整形を用い、いくつかの文様も採用する一方で、土器に地文として施された縄文の撚り方が逆方向のものが急増する。東北地方では縄文中期以来、二段右撚り(ＬＲ)という縄文であったのが、二段左撚り(ＲＬ)という撚り方に変わる。しかも、縄文の粒々(節)の並びを条とよぶが、通常の土器は撚り紐を横回転して縄文を施すために、条が斜めになるが、この型式から条が縦に走るものが急増する。このＲＬや条の縦走という特徴は、北海道の続縄文土器である恵山《えさん》式土器で盛んに用いられたものである。つまり、直接ではないにせよ、北海道続縄文文化の影響が日本海側を南下して新潟県域にまでおよんでおり、さらに能登半島まで宇津ノ台式土器が断片的にみられる。次の後期前半も同様で、おそらくは新潟県北部から秋田県の海岸部の人びとの一部が、北海道から能登半島まで海上を往来して、各地の物資や情報の流通を担ったのであろう。そして、弥生後期後半になると今度は青森県域の下北半島や津軽平野の海岸域をも生活領域とするようになった続縄文文化の人びとが、日本海側を新潟県域まで舟で往来して、直接西日本系の住人たちと交渉するようになる。

中期後半(紀元前一世紀)という時期には、各地で社会状況の変化が起こった。北部九州では福岡平野や糸島平野の限られた人びとが社会的に優位の立場を確立して漢帝国と盛んに交渉を行なっている。近畿地方では、池上曽根遺跡でみたように一〇数ヘクタールにもおよぶ巨大な集落が成長して、地域社会の中核的な位置を占めるようになる。近畿と同様のことは伊勢湾沿岸や南関東、北陸一帯でも起きており、縄文時代以来の社会とは一変する状況となっている。北海道続縄文文化の人びとも、こうした西日本から関東・北陸までの社会発展に関する情報を、間接的に入手し、やがて紀元後二世紀になると直接そうした社会の人びとと交渉をもつようになったと思われる。その主役である北海道続縄文文化の様子については、沖縄方面の状況と合わせて、次章でもう少し詳しくみていくことにしよう。

第四章　弥生文化を取り巻く世界

1　歴史の道の複線化

歴史の分岐点

第三章で述べたように、大陸から灌漑稲作技術が導入され、各地に定着することによって、九州から東北地方までの諸地域はその社会を急速に変えていく。そして第五章で触れるように、弥生後期には北部九州を中心に大陸の政治的世界との接触を強めつつ各地域が「クニ」とよびうる状況となり、やがて「邪馬台国の時代」となる。さらに古墳時代、すなわちヤマト王権の時代を経て、律令国家体制へと向かう。

こうしてみると、縄文時代から弥生時代への移行は、日本列島という生態環境がもたらす豊富な資源を巧みに利用しながら持続的な社会を構成していた時代から、人類が自らを組織化することで急速に社会変化する時代への転換であったことになる。地球規模で大雑把にみると、日本列島をはじめとする森林と水域がひろがる地域では、その生態環境がもたらす多様な資源を利用し、しかしその資源的制約を越えれば生存が危うくなるために分散居住するなどの工夫をしながら持続的社会をつくる。いっぽう、いわゆる四大文明地帯や長江流域などでは、農耕を採用して資源の拡大を行ない、自らも変革し、やがて「文明化」してゆく。後者は時間の経過とともに人類社会自体が急速に変貌することを特徴とする。縄文時代から弥生時代への移行は、前者から後者への、いわば歴史の道の切り替えのはじまりである、という見方もできる。

では、縄文時代の文化の範囲がすべて弥生時代に移行し、足並みをそろえて歴史の道を切り替えたかというと、そうではない。本書では、弥生時代のはじまりを灌漑稲作の採用に求めるが、この頃に灌漑稲作を採用したのは、九州から本州東北部までの範囲に限られる。北方の北海道では、南端の函館周辺で江戸時代初めの一七世紀に稲作が試みられたが果たせず、再び一九世紀後半になって試行されたものの苦戦を繰り返し、ようやく一九〇〇年前後になって稲作が継続できるようになった。本来、亜熱帯性の植物であるイネが生育するには、北海道は気象条件が厳しすぎたからである。一方、沖縄方面はイネの生育条件に気温や日照時間の点では適してはいるものの、隆起サンゴ礁を基本とする地形条件は、灌漑水田稲作に適しているわけではない。また、イネが出穂し稔熟する夏期のあいだは台風が毎年襲来するという厳しい自然の制約も加わる。現在では、沖縄本島で稲作がはじまるのは一〇～一二世紀からと考えられている。つまり、少なくとも弥生時代において、北海道と沖縄方面の自然条件は、稲作の受容にとって不適格ないし厳しいものだったのであり、むしろ縄文時代以来の生業を改良する道が、もっとも理にかなうものであった。かつては考古学界でも、稲作を受容しなかったことを後進的とみなす傾向があったが、一九八〇年代になるとむしろそれぞれの地域の生態系にふさわしい適応として正当に評価するように変わってきた。

このように、九州〜本州が縄文時代から弥生時代に移行した段階の両地域の時代・文化を、北海道は続縄文時代文化、沖縄方面は後期貝塚時代文化とよぶ。続縄文時代は本州側の弥生時代から古墳時代にほぼ併行し、七世紀中頃以後、東北地方から竈《かまど》をもつ平面方形の竪穴住居、アワ・ヒエ・ソバなどの畠作という生業、東北系統の土器の形態と製作技術による擦文《さつもん》土器などを受容した擦文時代文化が展開する。また擦文文化とほぼ同じ頃、オホーツク海沿岸には、サハリン島方面から、海獣などの狩猟・漁撈を主たる生業とする集団が南下しており、オホーツク文化とよんでいる。この擦文文化とオホーツク文化がともに基礎となって、アイヌ文化が形成される。

北海道・沖縄の文化

一方、沖縄方面では、南島続縄文時代とよばれることもある後期貝塚時代が、弥生時代から平安時代まで存続する。弥生時代併行期に九州の弥生人に向けて、腕輪用の南海産貝類の貝殻を供給するなど、盛んな交易活動を展開しはじめる。やがて、こうした経済活動を基盤として社会変革を遂げ、グスクという城砦状の政治的・宗教的施設が特徴的なグスク時代を経て、古琉球・琉球王国を形成するようになる。

このように、縄文時代・文化ののち、九州〜本州が弥生時代・古墳時代から古代国家形成を経て、歴史的変遷ののち近代国家へと歩みを進めるのと併行して、北海道と沖縄方面は異なる

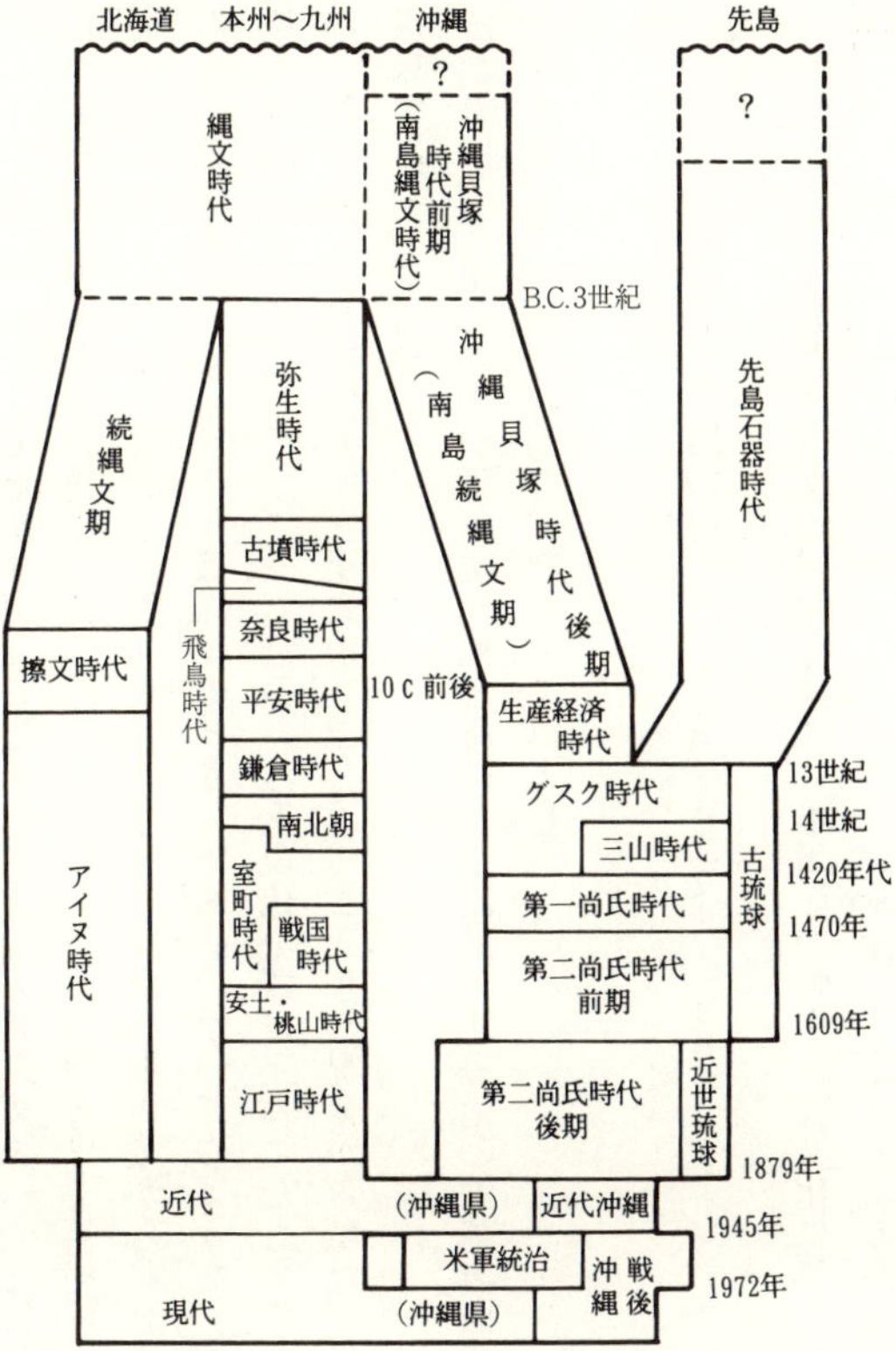

図 4-1　安里進による日本列島の歴史展開図
（一部加筆修正）

歴史の道を歩むことになった（図4－1）。こうした意味でも、縄文時代から弥生時代への移行は、日本列島を舞台とする歴史を考えるとき、大きな転換期であったとみなすことができるであろう（安里進『考古学から見た琉球史 上』）。そして、北海道では中世以後、沖縄方面では近世以後、経済的あるいは政策的な目的・意図のもとに九州～本州域から非対等の関係が強いられる近現代史が展開していくことは周知のとおりである。かつてのような、稲作を採用しない両地域を後進的とみる見方は、こうした歪んだ近現代史観に立脚したものであることは明らかである。考古学的に前近代世界を探究することは、こうした呪縛から私たち自身を解き放すことを意味するように思える。

それでは、九州～本州が弥生時代へと移行した段階の北海道と沖縄方面では、どのような生活が繰りひろげられたのかを、次にみてみよう。

2　卓越した漁撈の民——北海道続縄文文化

「続縄文」文化とは

ここで読者の方々は、北海道では本州側が弥生時代文化に移行したのちも縄文文化が残存したとみなせばよいのに、なぜ続縄文文化とよぶのかという疑問をいだくのではないだろうか。

「続縄紋」時代・文化という用語は戦前に山内清男が命名したものである。当時、縄文文化から弥生文化への移行は先住民から新来の民族へという民族集団の交替であり、縄文文化は東北地方では奈良・平安時代まで残存したという意見が支配的であった。これに対して山内は、全国の縄文土器型式の編年網を構築してみると、縄文土器の終末は九州から東北までわずか数型式の違いしかなく、ほとんど同時期に縄文時代が終わったことがわかる。縄文文化の終焉はすなわち弥生文化のはじまりであり、その移行期は東西日本でさほど違いはないと主張した（山内清男、前掲ⅶ頁）。そして、弥生文化は縄文文化を母体として生まれた文化の一類型であり、弥生文化の領域外の北海道もまた縄文文化の後裔としての文化の一類型の領域と考えたのである。北海道の続縄文文化が、縄文時代以来の伝統をいかに色濃く保持していようと、すでに東北地方の弥生文化と種々の影響関係をもっており、それは縄文文化の範疇を逸脱するとみなすのである。

続縄文時代は、前記のように弥生時代から古墳時代までの期間と併行するが、弥生時代併行の前半と古墳時代相当の後半とではだいぶ様子が異なる。前半は、縄文晩期以来の伝統がことさら顕著である。生業の道具である石器類をみても、狩猟や漁撈に用いる石鏃や石銛、獲物の解体や各種加工に用いる石製ナイフや削器、皮なめしなどに用いる掻器、主に植物質食料をすりつぶす調理具である磨石・敲き石、木工具の磨製石斧や石錐などの道具立てに、大きな変化はない。石製ナイフは柄部をつけた続縄文文化特有の形態となり、磨製石斧は伐採用の両刃石斧と加工用の片刃石斧に明確に器種分化する。森林と水域の資源を対象とする採集経済として道具立ての基本は変わらないが、細部の改良が加えられる状況である。

見事な銛と漁撈

遺跡の立地の点では、内陸の台地上や海岸近くに集落が多い点も縄文時代以来大きな変化はないが、河川沿いや海岸近くの遺跡がやや増加するようにみえる。渡《お》島《しま》半島の日本海側の砂丘海岸に立地する瀬棚南川《せたなみなみかわ》遺跡は、弥生時代中期中頃～後半に併行する時期の集落・墓地遺跡で、集落は一時期四、五棟の住居が散在し、順次建て替えられる住居群のかたわらに土坑墓が営まれている。

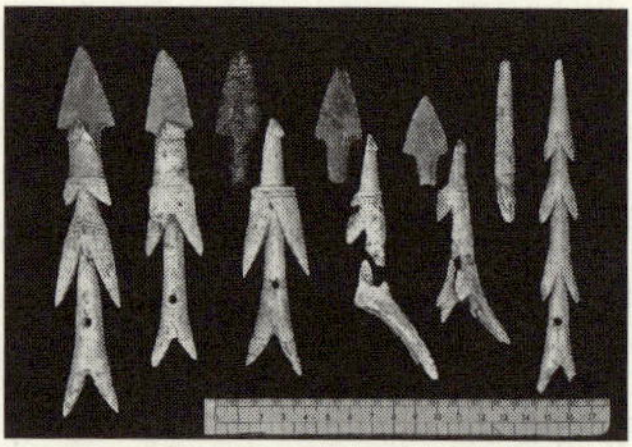

図4–2　北海道有珠モシリ遺跡の銛頭

とくに道南・太平洋側の内浦（噴火）湾沿岸では続縄文時代前半恵山期の遺跡が目立ち、伊達市有珠《うす》モシリ遺跡では鹿角製の精巧な銛や釣針が多数検出されて注目される。とくに銛のつくりは見事で、左右対称に二、三段のカエリを備え、そのカエリの部分に精巧な彫刻を施しており、先端に石製の銛先を装着するタイプもある（図4－2）。燕尾形のカエリをもつ回転式離頭《りとう》銛は、縄文時代晩期の三陸海岸などで発達した漁具が波及したもので、これまた見事な彫刻で満たされる。

続縄文時代前半には鰹節をひと回り小さくしたような長さ二〇センチメートル内外の魚形石器《ぎょけい》という特異な石製品がみられる。これは漁具の一種とみられ、諸説あるが、函館周辺で現在も用いられている「てんてん」というホンマスやヒラメの捕獲に用いる漁具と同様に、先端に鉤をつけて大型の釣針とし、疑似餌として用いられたとみる意見が有力視されている（高瀬克範「恵山文化における魚形石器の機能・用途」）。伊達市有珠6遺跡では、出土動物遺体の八割以上をオットセイが占めており、イルカ・キツネ・エゾシカがこれに続く。ほかの遺跡でもオットセイ・イルカ類などの骨が目立つことからも、海獣や大型魚類を本格的に獲得する漁撈が発達したとみられる。安定炭素窒素同位体分析でも、内浦湾の縄文・続縄文時代遺跡では海獣類の摂取が著しく盛んであったという研究成果がある（南川雅男「先史人は何を食べていたか」）。有珠モシリ遺跡の精巧な銛類は、墳墓に副葬された事例であることに注意する必要があるが、海獣や大型魚類を捕獲する荒々しい漁撈を統括するような人物に添えられたのかもしれない。そうであればいっそうのこと、こうした海洋適応が当時の続縄文集団にとっていかに重要な位置を占めたものかをうかがい知ることができる。

また、河川沿いの遺跡からサケ・マスの骨が検出されるのは縄文時代と同様である。瀬棚南川遺跡でも、動物遺存体ではサケ類が圧倒的多数を占めており、エゾシカ・ヒグマ・エゾタヌキなどもみられた。植物遺存体ではオニグルミが多い。そして続縄文文化に発達する太い柄の石製ナイフは、単に北海道だけでなく、広く北太平洋沿岸のサケ・マス地帯に分布していることを根拠に、サケ・マス利用の発達と関係があるとみる意見もある。

生業や生活の道具など、日常生活の諸側面を改良する工夫は、住居構造にも表われている。瀬棚南川遺跡では一二棟の竪穴住居が検出されたが、平面形は円形を基本とする点は縄文晩期と同様であるが、その有無を確認できる八棟はすべて舌状の張り出し部を備えていた。

この張り出し部をもつ住居は、縄文晩期の北見市常呂《ところ》町の栄浦《さかえうら》第二遺跡の例がもっとも古く、続縄文時代になって道南までひろまった。江別《えべつ》市旧豊平《とよひら》河畔遺跡では、張り出し部の両側壁に沿って杭を立て並べた痕跡があったことや、年代的な整合性はないが類似の構造はカムチャッカ方面にも類例があることから、寒冷な外気が住居内に入るのを遮断するための寒冷地適応の住居施設と考えられる。

弥生系文物　このように続縄文時代には、北海道の環境や生態系に適応した生活の改良が続けられたが、それは北海道内だけに閉じた世界ではなかった。北海道の石狩低地やそれ以南の道南地域では、縄文時代晩期の墓坑に狩猟具や装身具玉類が添えられるが、その玉類のなかにしばしばヒスイ(硬玉)製品が含まれている。ヒスイは糸魚川など新潟・富山両県境域にかぎって産出する石材で、縄文時代前期末以後各地に製品の装身具が流通することがわかっている。北海道も縄文晩期にヒスイ製の玉類がもたらされて身を飾り、死後は墓地にそのまま添えられる。続縄文時代になると死者への狩猟具や漁撈具・装身具の副葬はより顕著となるが、装身具は北海道内に産出するコハク（琥珀）の玉とともに、元江別1遺跡や余市《よいち》町大川遺跡などでは緑色凝灰岩や赤色鉄石英製の管玉が多数検出されている。

　これらの管玉は北陸一円から出雲方面で盛んに製作されたもので、赤色鉄石英製品は佐渡島の特産品といってよいものである。縄文時代の各時期に日本海側では広域にわたる物流が存在したことが知られている。この縄文時代晩期以来の装身具の流通ルートが弥生・続縄文時代にも継承されて、同じく装身具である管玉が北陸方面から盛んに続縄文集団にもたらされ、彼らの身を飾り、社会的なステイタスを表示する役割を果たした。遠隔地からもたらされた装身具は管玉だけではなく、有珠モシリ遺跡では奄美・沖縄方面で産出する大型のイモガイを加工して腕輪とした製品が埋葬人骨に添えられていた（図4－3）。日本列島の南西部から北海道までの約二〇〇〇キロメートルの距離をこのイモガイ製品は移動している。弥生時代のイモガイやゴホウラという南海産貝を用いた腕輪は北部九州から山陰まで分布しており、そして山陰の出雲から北陸一帯で緑色凝灰岩製管玉が製作されて日本海側を北海道まで広域に流通していることを考え合わせると、有珠モシリ遺跡のイモガイ製貝輪も日本海側

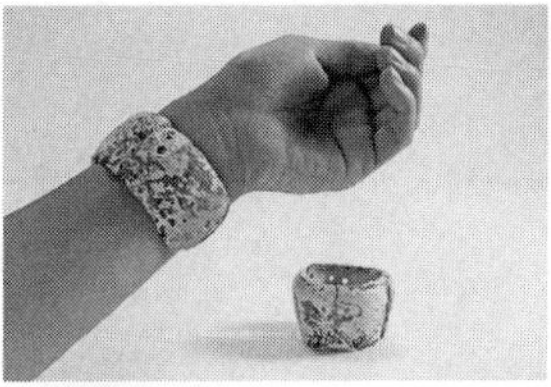

図4-3　北海道有珠モシリ遺跡のイモガイ製貝輪

の玉の流通網を介してもたらされたものであろう。
管玉やイモガイ製貝輪ほど遠隔地との関係ではないものの、道南の続縄文時代前期の恵山式土器は東北地方北部の下北半島の二《に》枚橋《まいばし》式土器が北方に展開して成立した土器型式である。そして成立後は、津軽平野に恵山式土器がもたらされたり模倣されたりする。津軽海峡をはさんで日常的に道南と東北北部は交流しており、時には日本海側の物流ルートを介して西日本系弥生文化から物資や情報を入手していたことが明らかである。

開かれた交流

こうした状況を考えると、続縄文文化の人びとが稲作を含む弥生社会に関する情報を得ていながらも灌漑稲作を受容しないのは、生育条件の厳しいイネの栽培を行なうよりも、北海道の生態環境に適した従来からの生業を改良するほうが、はるかに理にかなったものであるからに他ならない。

図 4-4　新潟県角田山東麓出土の続縄文土器（南赤坂遺跡）

新潟県北半部から秋田県域の一帯は、弥生時代中期末段階で続縄文時代の恵山式土器と共通する縄文手法なども採用しており、続縄文集団の動きは東北地方の側からも追跡できることは第三章でも述べた。さらに弥生後期前半になると東北地方一円に続縄文土器の縄文手法が普及し、後期後半になると続縄文集団自身が日本海側を新潟県域まで往来して(図4-4)、北陸を介して大陸から流入する鉄などの物資や情報を入手する。終末期から古墳前期になると、日本海側だけでなく太平洋側の宮城県北西部の丘陵地帯に続縄文集団の遺跡が密集する状況となる。これも新潟県域や宮城県域に古墳出現前後の西日本系文化が明瞭に定着するようになることと呼応した動きである。弥生時代から古墳時代にかけての本州の社会の状況をじかに把握し、交渉していたからに違いない。

ちょうど同じ頃、北方世界との交流も顕著となる。札幌駅構内のK一三五遺跡では、東北系の弥生土器に加えて、サハリン島の土器型式である鈴谷《すずや》式土器の破片が出土している。余市町フゴッペ洞窟でも鈴谷式土器がみられるが、ここでは小樽市手宮《てみや》洞窟とともに、洞窟の壁に人物や舟など各種の線刻絵画を粗く彫りこんだ岩壁画が残されている(図4-5)。同時代の日本列島ではまったく類例はなく、むしろアムール川下流域からバイカル湖周辺のシベリアにひろく分布する岩壁画との類似が説かれている(小川勝編『フゴッペ洞窟・岩面刻画の総合的研究』)。

こうした大陸の文化との交流は恒常的ではないが、やはり続縄文社会は開かれた世界として周辺世界から物資や情報を入手しな

図4-5　北海道フゴッペ洞窟の岩壁画

がら、独自に緩やかに社会変革を遂げていったのである。

3 サンゴ礁の民——南島後期貝塚文化

海に依存する生活　北海道の続縄文文化と同様に、沖縄方面も縄文時代以後、九州〜本州の弥生〜古墳文化とは異なるもうひとつの歴史の道を歩みはじめた。そして、特産品である南海産貝類の貝殻を装身具素材という交換材として、北部九州をはじめとする周辺世界と交易・交流を重ね、やがて琉球という国家形成へと歩みを進めることになる（安里進「琉球王国形成の新展望」）。

沖縄本島周辺の先史時代は、東日本の縄文時代のような大規模なものではないが、貝塚を伴う遺跡が特徴的であることから、貝塚時代と総称される。しかしその前半期（前期・中期）は、縄文時代の前期、次いで後期初めに文様構図や装飾帯の配置などの点で南九州との関係が深い土器型式が定着し、その後それが自立的な型式変化を遂げる。そして縄文時代に併行する段階は九州との対応関係を把握できることから、大きくは縄文時代の範疇に含めて考えることも多い。これに対して弥生時代から平安時代までは、九州の弥生時代以後と著しく異なる状況であるために、後期貝塚時代文化とよぶのが一般的である（安里進、前掲一三九頁）。

後期貝塚時代の遺跡は、その時代名称のとおり、海洋資源への依存度が高い社会である。そのことを安里進は、後期貝塚時代とグスク時代の遺跡の分布が見事な対照をみせることを示して説明した（図4－6）。まず、一部稲作を取り込んだ生業形態をとるグスク時代の遺跡は、石灰岩台地の縁辺と、水田耕作が可能な谷底低地が樹枝状に伸びる地区に集中する。いっぽう、後期貝塚時代は、石灰岩台地と礁湖《しょうこ》（礁池）が共存する海岸砂丘に遺跡が集中するという特徴をもつ。

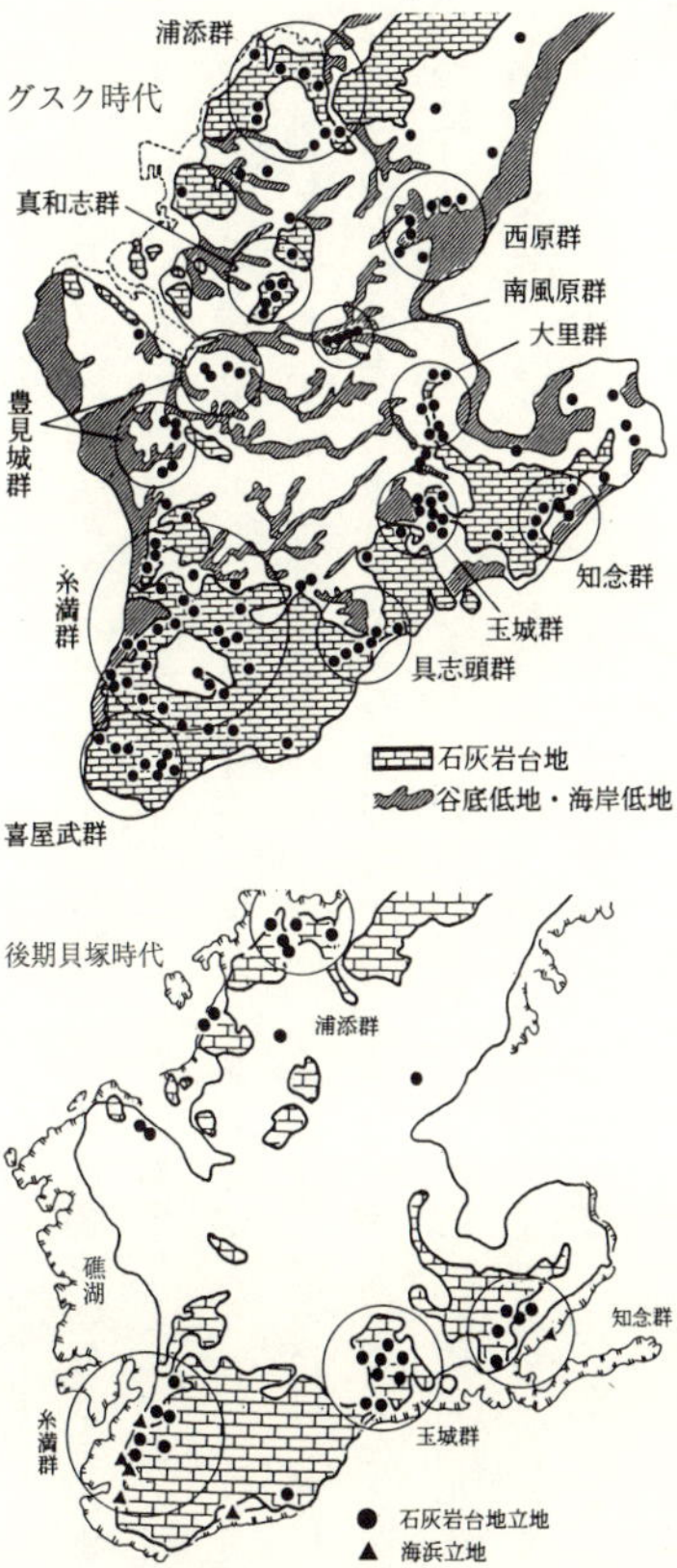

図4-6　後期貝塚時代（下）とグスク時代（上）の遺跡分布の違い

沖縄の白い浜辺に立つと、浅い海が沖あいに広がり、サンゴ礁に白波が立つ。そこから先は急激に深くなり、紺碧色の荒海となる。このサンゴ礁内の穏やかな浅海が礁湖で、沖縄ではイノーという。この礁湖はサンゴ礁や海草が色とりどりに群生し、シャコガイやヤコウガイ・チョウセンサザエ・サラサバテイ・マキガイなど大型の貝やブダイ・ベラ・スズメダイなどの魚が生息する場で、潮が引けば容易にこれらの魚介類を捕獲できる格好の漁場である。石灰岩台地にはヤブニッケイ・イタジイ・マテバシイ・オキナワウラジロガシなどが繁茂し、その森のなかにはリュウキュウイノシシなどの動物が生息する。そして石灰岩台地の前面から湧水が流れ出し、現在のタイモなどを栽培するのに適した湿地性の土地をつくり出す。石灰岩台地と礁湖、および両者に挟まれた低地という複合的な生態環境のなかに、後期貝塚時代の人びとは集落をかまえた。

利用しなくなった竪穴のなかや穿った穴に形成された貝塚は、かれらが礁湖の貝類を豊富に捕獲したことを示し、二枚貝であるシャコガイなどの殻頂に一孔を穿った貝錘《かいすい》が比較的多く出土する。網漁が盛んに行なわれ、立証は困難であるが素手による捕獲も行なわれたであろう。陸獣はリュウキュウイノシシがもっとも多く、伊江島のナガラ原西貝塚では一七一個体以上が確認されている。食料を加工する石器類は各遺跡とも多くはないが、石皿や凹石・磨石がどの遺跡でも見つかり、オキナワウラジロガシなどのドングリ類を粉砕・調理したと考えられる。

ただし、考古学的な証拠はないものの、自生するヤマイモ・タイモの類を調理加工する際にもこれらの石器は用いられた可能性もある。こうした貝塚時代後期の食料採集のありかたは、縄文時代＝前・中期貝塚時代と基本的な違いはないが、その遺跡立地が示すように海産資源への依存度が高まっている。最近、米田穣によって、沖縄の縄文時代晩期併行期と弥生後期(〜平安時代)併行期の人骨が安定炭素窒素同位体分析され、遺跡分布の特徴とよく整合する結果が報告された(米田穣「食生態にみる縄文文化の多様性」)。これによると、縄文晩期併行期は関東や東北の貝塚に比べてやや海産魚介類の摂取が多い傾向がある程度だったが、後期貝塚の読谷《よみたん》村大当原《うふとうばる》貝塚と座間味《ざまみ》村古座間味貝塚の人骨では、他地域に比べてはるかに海産貝類の摂取が多かった。

貝の交易

この時代の大きな特徴は、九州の弥生文化とかなり密な交流を重ね、遠隔地との交易をこの地域の経済面のひとつの柱にしていった点にある。そのことをもっともよく示すのが、ゴホウラやイモガイという奄美・沖縄諸島で産出する大型で肉厚の貝殻を用いた腕輪(貝輪)の動きである(木下尚子『南島貝文化の研究』)。

弥生時代の前期末から中期の北部九州の甕棺地帯では、埋葬人骨の腕にゴホウラやイモガイ製の貝輪を装着した例が多数確認されている。一つの墓地でも限られた人物がこれら南海産貝輪を装着し、福岡市諸岡遺跡2号甕棺の成人男性は、利き腕である右腕に六個ものゴホウラ製

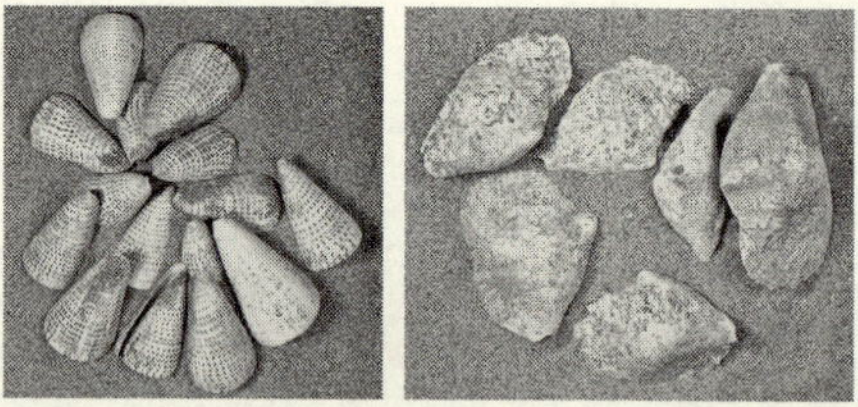

図4-7　沖縄県嘉門貝塚のイモガイ(左)，ゴホウラ(右)の貝殻集積

貝輪を嵌めている。福岡県飯塚市立岩遺跡や佐賀県吉野ヶ里遺跡など北部九州の甕棺地帯だけでなく、東方の関門地域から瀬戸内海や山陰方面にまでひろがり、さらに各一例だが愛知県や遠く北海道でも出土例がある。

これら北部九州では、装着例からわかるように完成品がほとんどである。いっぽう、浦添市嘉門《かじょう》貝塚や伊江島の具志原《ぐしばる》貝塚など、沖縄本島や慶良間《けらま》列島・久米島・伊江島の海岸部にある後期貝塚時代の遺跡では、イモガイやゴホウラの貝殻を多数並べた遺構が検出されている(図4－7)。サンゴ礁海域で産出するこれらの貝を採集し、交易に備えて集積しておいたものと考えられる。沖縄本島や奄美大島では、九州南部から搬入された弥生前期・中期土器も点々とみつかる。そして南海産貝輪を好んで用いた北部九州と、そうした貝類を産出し、集積遺構もある沖縄諸島との中間地点にある、南九州の薩摩半島西岸の砂丘に立地する南さつま市高橋貝塚では、北部九州系弥生土器と沖縄系土器を伴ってゴホウラ製貝輪の製作途上品が多数みつかっており、ここでゴホウラ製貝輪が製作されたことが確認できる。高橋貝塚では屋久島以南に産出する大型のオオツタノハ製の貝輪も製作しており、高橋貝塚のような南九州の人びとが海上を南北に往来しながら、屋久島以南の奄美・沖縄諸島から南海産貝輪素材を入手して加工し、製品を北部九州に搬出する中継・加工交易を担っていたのである。

鉄と貨幣

では、この貝輪交易で南海産貝輪素材と交換された物資は何だったのであろうか。

その有力候補は、九州で弥生時代中期初頭から普及しはじめる鉄製品である。うるま市宇堅《うけん》貝塚では板状鉄斧やガラス小玉、読谷村中川原遺跡でも袋状鉄斧やガラス小玉が出土し、中川原遺跡では銅剣の破片や方柱状扁平片刃石斧もある。沖縄諸島は隆起サンゴ礁性の島々であるために、丸太材を伐採・加工して舟をつくる、伐採・加工用の石斧に適した石材は乏しい。代わりに、後期貝塚時代になると、先島諸島や台湾・フィリピン方面に類例の多い、シャコガイの貝殻を用いた貝斧も用いるようになっていた。シャコガイは貝殻が肉厚で、しかも均質で粘りがあり、刃先を鋭く仕上げることができる。おそらくは食料としてのコメなどももたらされたであろうが、出土資料から証明することはできない。

さらに沖縄諸島で出土する資料で注目されるのは、楽浪郡の土器や明刀銭《めいとうせん》、三翼鏃《さんよくぞく》、五銖銭《ごしゅせん》、漢鏡片などの大陸からもたらされた文物である。楽浪土器は、大粒の滑石《かっせき》を多量に含み、大きく内湾する口縁部を一段厚くつくるタイプで、判別が容易である。明刀銭は、戦国時代の燕の貨幣で、全形が小刀の形で、身の部分に「明」の字を鋳出してある。このタイプの楽浪土器と明刀銭は北部九州でも出土例がなく、三翼鏃は壱岐の原の辻遺跡などわずかな出土例しかない。

図4-8　沖縄県木綿原遺跡5号箱形石棺墓

南九州の人びとが北部九州から入手した可能性もあるが、場合によると北部九州の甕棺地帯の人びとを介することなく、楽浪郡や朝鮮半島南部の交易集団から入手した可能性も考えたいところである。

このように、北海道と同様に、沖縄諸島も縄文時代以後に灌漑稲作を採用せず、その生態環境に適応した採集経済を持続・発展させるが、閉鎖的な様子はまったくない。むしろ北方の九州の弥生文化や西方の先島方面、朝鮮半島方面とも間接、ことによると直接、交流・交渉をかさねて必要な物資と情報を入手していた。読谷村木綿原《もめんばる》遺跡では、板状のサンゴ塊を棺状に組む石棺墓が検出されている。石棺墓という墓形式は九州弥生文化から採用したものと考えられる。サンゴを用い、さらにはシャコガイを遺骸の額にのせ、シャコガイやクモガイを遺骸の周りに置いている。貝が邪悪なものを避ける力をもつといった、おそらくは沖縄諸島特有の意味があったと思われる（図4-8）。遠隔地から新たな情報・物資・習俗を採用しながらも、沖縄特有の受容の仕方をしたのであろう。こうした交流を重ねながら、やがて八～九世紀には唐や近畿に螺鈿《らでん》製品の素材としてヤコウガイの交易を行なったと考えられるように（木下尚子「正倉院と夜光貝」）、中国・日本の国家中枢とかかわる交渉へと発展し、こうした交易経済を基礎として古琉球という国家の形成にいたった。

4　朝鮮半島と東アジア

朝鮮半島の時代区分

弥生文化を取り巻く世界として、北海道の続縄文文化と沖縄諸島の後期貝塚文化をとりあげたが、ここで朝鮮半島や東アジアにも触れておく必要がある。弥生時代と同時代の北海道や沖縄方面は、縄文時代以来の生活文化を部分的に改良する形で緩やかな変化をみせるのに対して、朝鮮半島は、弥生時代の日本列島の社会が急激に変貌を遂げていく際に、もっとも大きな刺戟を与えた地域である。

次章で、倭人《わじん》が大陸の政権と交渉する様子について触れるので、ここでは、その前史として弥生時代のはじまりから中・後期の境界にほぼ該当する西暦紀元前後までの、弥生文化の展開を考える上で重要な状況を簡単に紹介しよう。稲作の開始については前章で触れたので、時代区分と土器の問題や、集落・青銅器を中心にみていく。

まず、考古学において伝統的な、土器による時代の変遷をみると、櫛目文土器→無文土器→原三国(三韓＝馬韓《ばかん》・弁韓《べんかん》・辰韓《しんかん》)土器→三国(新羅《しらぎ》・百済《くだら》・高句麗《こうくり》)土器と編年され、それぞれ新石器時代→青銅器時代→初期鉄器時代→三国時代に相当する。しかし、どの段階をもって原三国

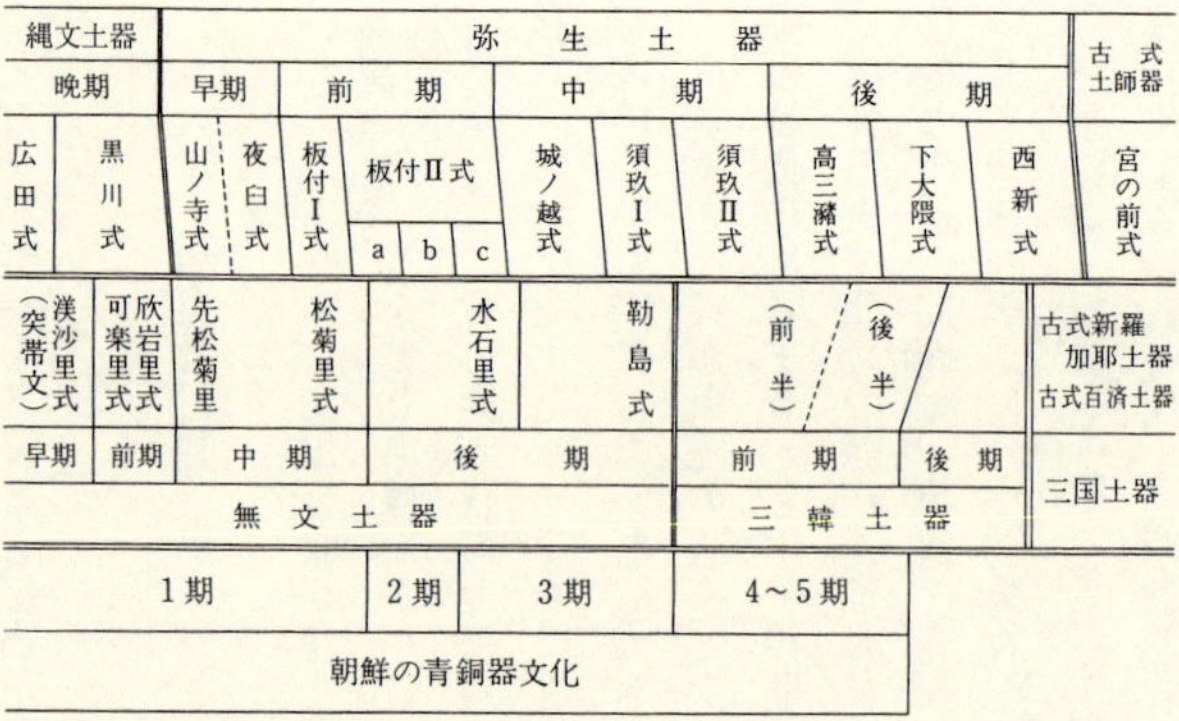

図4-9　北部九州と朝鮮半島の編年対比

土器・初期鉄器時代の開始とみるかは諸説あって、弥生時代は無文土器・青銅器時代の前期後半から原三国(三韓)土器・初期鉄器時代にいたる期間と対応するとしても、なかなか一筋縄ではいかない。上に武末純一による弥生時代・土器型式との編年対比を例示したが(武末純一「弥生文化と朝鮮半島の初期農耕文化」、図4-9)、最近の韓国考古学界では、この表のうち無文土器時代後期も三韓(原三国)土器・初期鉄器時代とみなす意見が出されている。また、二〇〇九年から韓国国立中央博物館では、青銅器時代を、古朝鮮とみなす見解にもとづいた展示に改めるなど、さまざまな時代区分法と時代名称が併用されている。古朝鮮とは、前漢の武帝が紀元前一〇八年に楽浪郡を設置する以前の檀《だん》君《くん》朝鮮・箕《き》氏《し》朝鮮・衛《えい》氏《し》朝鮮の三王朝を指すが、檀君・箕氏朝鮮は神話的存在であり、箕氏朝鮮開国の記事は『史記』や『漢書』にみえるとしても考古学的に検証できる状況にはない。混乱を避けるためにここでは武末の用語と編年対比を用い、古朝鮮との関係についても触れるにとどめる。

青銅器から鉄器へ

弥生時代文化の展開を考えるとき、稲作の開始とともに重要な朝鮮半島の考古学的事象は、青銅器文化の波及・定着である。無文土器前期の欣岩里《フナムニ》式から中期の松菊里《ソングンニ》式土器段階にかけて、中国東北部の遼寧地域に展開した琵琶形（遼寧式ともいう）銅剣を代表として、矛や鏃・斧・鑿・刀子などが組み合わさる青銅器群が朝鮮半島南部まで波及する。このうち銅剣や銅矛は、支石墓や石棺墓という北方的色彩の強い新たな墓制の副葬品として出土する例が多い。支石墓・石棺墓は多数あつまって墓域を構成する場合が多く、通常は磨製石剣や磨製石鏃を伴う程度である。しかし、まれに銅剣や銅矛が副葬されており、一般の集落構成員とは異なって社会的に上位を占める有力者の出現を示している。慶尚南道徳川里《トクチョンニ》遺跡第1号支石墓では、青銅器の副葬はなかったものの、他から区別されるように、五六メートル以上×一七・五メートル以上という、周囲に割石を積んだ大規模な方形区画をもっていたことも、社会的な格差の拡大を示している。また、慶尚南道の大坪里《テピョンニ》遺跡では直径二〇〇メートルを越える規模の環濠がめぐり、数カ所の出入り口部も備えている（図4−10）。北部九州に対比すると、縄文晩期末から弥生前期初頭に相当する段階であり、環濠集落や灌漑稲作が出現する状況とよく整合する。しかし、朝鮮半島では北部九州などよりも稲作への比重のかけ方が

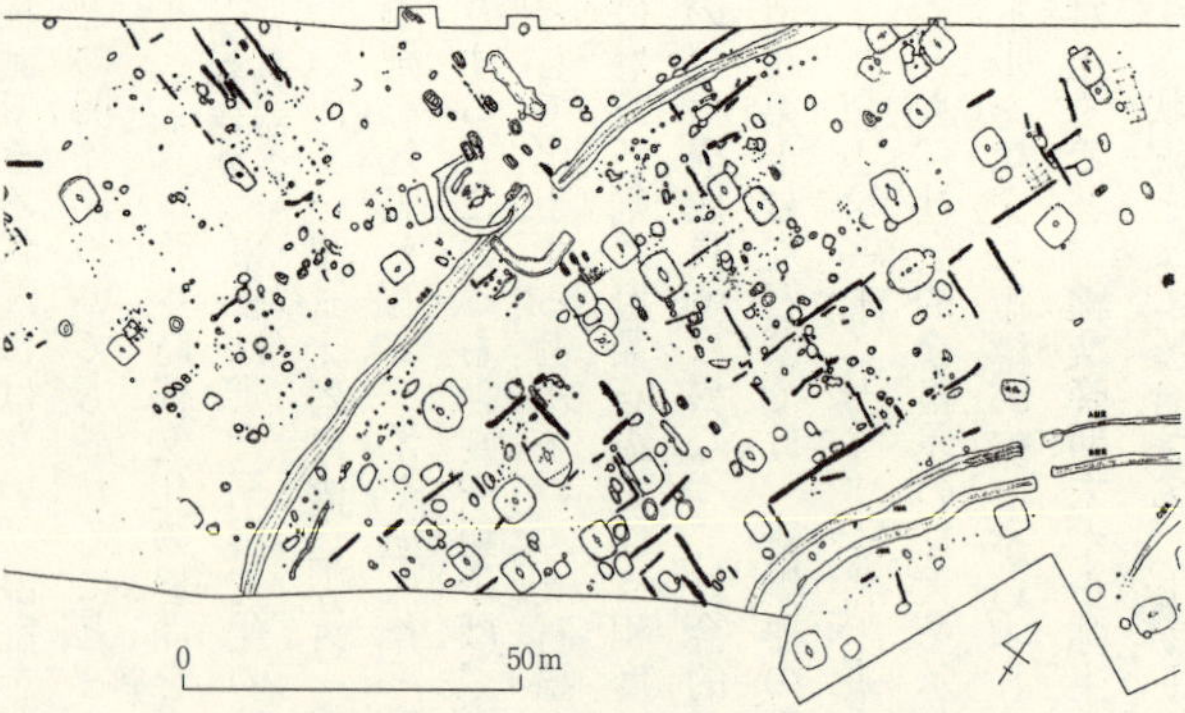

図4-10　弥生早・前期相当段階の韓国の集落
（慶尚南道大坪里遺跡玉房1地区）

低い一方で、社会の階層化は明らかに一歩先んじている。

この格差がさらに拡大するのは、無文土器後期前半の水石里《スソンニ》式土器段階で、前代に隆盛した支石墓はなくなり、上石を欠く石槨墓が主流となる。この段階になると、琵琶形銅剣から型式変化した、鋭い刃先と刃部をもつ細身の細形銅剣が製作され、多鈕粗文鏡や、中国の馬具から大きく型式変化した異形青銅器、小銅鐸など多彩な青銅器群が組み合わさる。例えば、忠清南道の東西里《トンソリ》遺跡では、細形銅剣九点・多鈕鏡五点・円蓋形銅器一点・剣把形銅器三点・ラッパ形銅器二点に、粘板岩製磨製石鏃七点・碧玉《へきぎょく》製管玉一〇四点・天河石製小玉二二点が、一基の石棺墓に副葬されていた。こうした青銅器副葬の集中度は前期～中期をはるかに凌ぐ。

後期でも水石里《スソンニ》式後半から勒島《ヌクト》式段階になると、

細形銅剣に新たに銅戈と細形の銅矛が加わるが、前段階と同様、特定の石槨墓に、異形青銅器を含む多数の青銅器が集中複葬される。そして、この段階も後半になると副葬品のなかに鋳造鉄斧・鉄鑿・鉄鋤が現われ、例えば忠清南道合松里《ハプソンニ》遺跡では細形銅剣二点、細形銅戈・多鈕細文鏡・円蓋形銅器・異形銅器各一点、小銅鐸二点、ガラス製管玉八点に、長さ一七センチメートルほどの鋳造鉄斧二点・鋳造鉄鑿一点が伴っていた(図4－11)。これらの鉄器は、戦国時代の燕の領域の型式と共通する特徴を備えており、楽浪郡の設置に先立つ紀元前三世紀代に、すでに中国本土の物資が朝鮮半島に波及していたことは注目される。これは、鴨緑江中流南岸に位置する平安北道《ピョンナンプクト》の竜淵洞《ヨンヨンドン》遺跡で、鋳造鉄器の各種農具や武器とともに、燕の貨幣である明刀銭が完形品五一点・破片七五五点もみつかっていることからもわかるように、この頃に燕の勢力が遼東から朝鮮半島北西部に進出したことを反映したものと考えられる。

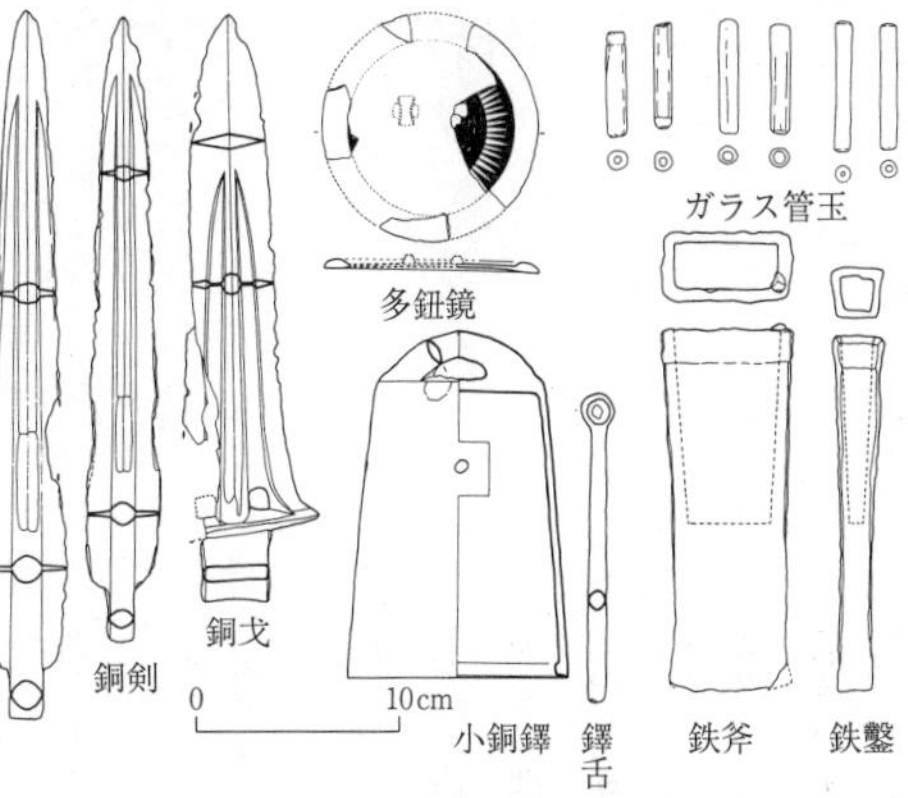

図4–11　韓国・合松里遺跡の副葬品

こうした燕勢力の朝鮮半島進出時の情報が中国側で箕氏朝鮮の伝承としてのこされたものであろう。

東アジアの交流

この水石里式後半から勒島式の段階が北部九州では弥生中期初頭〜前半に併行し、福岡市吉武高木遺跡など青銅器を副葬する有力者の墓が出現する段階にあたる。

前期末から中期前半の北部九州では、福岡市諸岡遺跡や小郡市横隈鍋倉遺跡などでは朝鮮半島系無文土器がまとまって出土する一方で、慶尚南道の勒島貝塚や金海市亀山洞《クサンドン》遺跡、釜山市莱城《ネソン》遺跡では弥生土器が多数検出されており（図4-12）、海峡を挟んで両地域の人びとが盛んに往来していたことがわかる。この段階に青銅器が弥生社会に導入され、社会の階層化も一気にすすんだ。燕系統の鋳造鉄器も例数は少ないながら、北部九州から西日本一帯で点々とみつかっている。このように朝鮮半島の文化動向がそのまま日本列島に影響を与えている。しかし、朝鮮半島では最有力者の墓地にかぎって副葬された異形青銅器の類は日本列島ではまったく出土しておらず、同一視できない部分もあることは注意を要する。

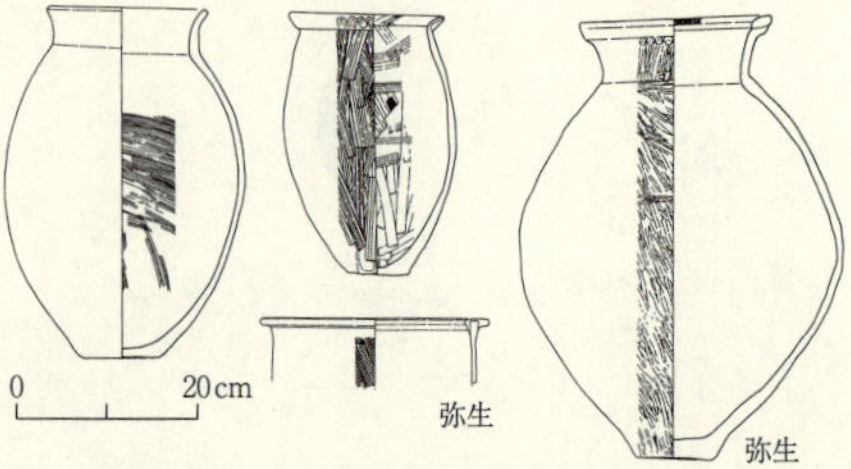

図4-12　韓国・勒島遺跡の土器と弥生土器

次に衛氏朝鮮についてみると、紀元前一九五年頃、秦漢交替期の動乱に際して、燕から朝鮮半島北西部に相次いで亡命してきた人物のなかの一人が衛満《えいまん》であった。衛満は、はじめ朝鮮王の箕準《きじゅん》に用いられたが、やがて準王を追い出して王倹城（平壌《ピョンヤン》）を都として衛氏朝鮮をうち立てた。しかしこの段階を考古学的に検証するのは容易ではなく、平壌周辺の中国系文物を副葬する墓地の最古の一群がこれに該当する可能性が考えられている。

ついで、三韓時代前期になると、前代以来の青銅器は銅剣や銅戈などがのこるものの、著しく形骸化し、扁平で小型品となる。それに代わって、清白《せいはく》鏡や日光鏡など異体字銘帯鏡とよばれる漢鏡や鉄製具（轡《くつわ》）など、一転して前漢後期から新、後漢前期の文物が明瞭となる。慶尚南道の茶戸里《タホリ》遺跡で検出された木棺墓では、星雲鏡という前一〇八年の楽浪郡設置間もない時期の前漢鏡に伴って、漆塗鞘入りの銅剣二点・鉄剣一点、木製把付など鉄剣三点、銅矛四点、鋳造鉄斧六点、鉄鎌一点、小銅鐸一点などが出土した。このほか銅環四点や漆器の筆五点、鉄素環頭刀子《そかんとうとうす》一点も出土しており、李健茂は、銅環の大・中・小三点の重量が順次二分の一ずつになることから計量用の分銅（砝碼《ほうま》）であり、筆は記録用、刀子は木簡などに筆で記録した文

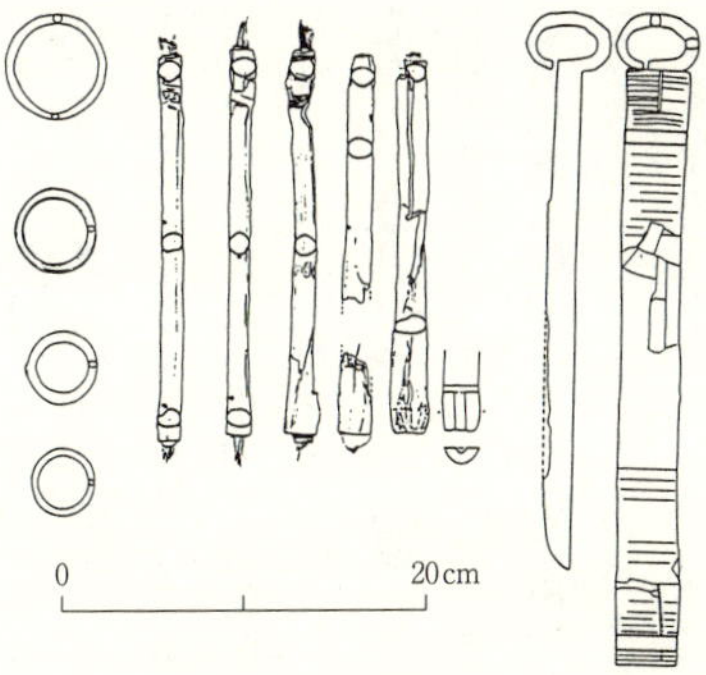

図 4-13　韓国・茶戸里遺跡の分銅・筆・削刀

字を削って訂正する削刀とし、漢や楽浪郡と鉄などの交易を担う被葬者を復原する（李健茂「茶戸里遺跡の筆について」、図4－13）。他の遺跡でも、武器類も、鉄矛や鉄鎌など実用の鉄器類が主流となり、後漢併行期になると慶州にある隍城洞《ファンソンドン》遺跡で製鉄遺構が確認されているように、朝鮮半島南部は本格的な鉄生産を行なうまでになる。土器も、ロクロ回転や、羽子板状のタタキ板を用いて土器を叩き締めるタタキ技法をもちいてつくり、それまでの無文土器が酸化炎焼成なのとは異なって、焼成の途中から酸素の供給を絶つ還元炎焼成によって灰色に焼き上げる瓦質《がしつ》土器が出現する。これは燕や楽浪郡の土器製作法を受け継ぐものであり、最近では楽浪郡設置以前に朝鮮半島南部に出現したという指摘もあるが、遅くとも楽浪郡設置段階には南部までひろまっている。こうした新たな土器の出現や鉄器の本格的普及、物流の仕組みの革新など、各部門における劇的な変貌は、漢帝国の影響が直接朝鮮半島一帯におよんだからに他ならない。

　こうした朝鮮半島の激動は日本列島の弥生社会に直接的な影響をおよぼした。第三章で述べたように北部九州の弥生時代中期後半の甕棺墓では有力者の副葬品として前漢鏡が好んで用いられ、俗に「王墓」といわれる社会的に隔絶した墓が出現したのも、こうした大陸との交渉なくしては考えがたい。また、弥生中期後半に北部九州で製作された型式の銅矛や銅戈が大邱《テグ》市飛山洞《ピサンドン》遺跡など慶尚北道《キョンサンブクド》にまでもたらされ、同地の漁隠洞《オウンドン》遺跡と同笵《どうはん》（同じ鋳型による）の倣製《ほうせい》鏡《きょう》が佐賀県の二塚山《ふたつかやま》遺跡や大分県石井入口《いしいいりぐち》遺跡から出土するように、海峡を挟んだ交流は中期前半以上に深いものになっている。前漢代を記した『漢書』に「楽浪の海中に倭人有り、分かれて百余国と為る。歳時を以て来り献見すと云ふ」と、毎年のように楽浪郡と交渉するのも、朝鮮半島の三韓地域との交流のなかで学んだものであったに違いない。そして、弥生後期になると、北部九州の人びとが関係を深める相手は、鉄器と鉄素材という実用面における交渉は慶尚南・北道地域、政治的交渉は楽浪郡を介して中国中原《ちゅうげん》の政権という二本立てとなっていく。

第五章　生まれいづる「クニ」

1　金印がつたえる世界

『後漢書』の記事から

弥生時代の日本列島の社会を考える際に手がかりとなるのは発掘の成果だけではない。前掲の『漢書地理志』のほかに、『後漢書』倭伝と『魏志倭人伝』(『三国志』『魏書』東夷《とうい》伝倭人の条)という中国正史がきわめて重要な情報を提供してくれる。『漢書』は後漢の班固《はんこ》(三二〜九二年)、『後漢書』は南朝宋の范曄《はんよう》(三九八〜四四五年)、『三国志』は西晋の陳寿《ちんじゅ》(二三三〜二九七年)が編纂した史料であり、弥生時代に関するほぼ同時代史料とみなせる点がとくに重要である。これらの史料については、江戸時代以来の邪馬台国論争をみるまでもなく日本古代史研究においておびただしい議論の蓄積があるし、考古学の成果とも一定程度照合できる面白さがある。このうち『後漢書』はやや新しく五世紀代に成立しており、倭に関する記事の多くが『魏志倭人伝』によっていることはすでに定説化しているので、その取り扱いは注意を要する。しかし、『後漢書』倭伝には、『魏志倭人伝』にはみられない重要な倭の外交に関する記事が収録されている(石原道博編訳『新訂魏志倭人伝』、一部改変)。

建武中元二年、倭の奴国《な》、奉貢朝賀す。使人自ら大夫《たいふ》と称す。倭国の極南界なり。光武《こうぶ》、賜うに印綬《いんじゅ》を以てす。安帝の永初元年、倭国王帥升《すいしょう》等、生口《せいこう》百六十人を献じ、請見を願う。

建武中元二年(五七年)に「倭の奴国」、それからちょうど五〇年のちの安帝永初元年(一〇七年)に「倭国王帥升等」が、それぞれ後漢の光武帝と安帝に「奉貢朝賀」「請見を願う」という外交交渉を行なったという記事である。年号を特定できる倭人による外交の最古の記録であるだけでなく、『漢書』で「倭人有り、分かれて百余国」とされた国のひとつが「奴国」と明示される。さらに五七年の記事では「倭の奴国」とあったのが、一〇七年には「倭国王帥升等」とあることから、おそくとも一〇七年の時点で「倭国王」が存在し、その名が「帥升」もしくは「帥升等」であることを示す。その「国」「王」の実態がどのようなものか明らかではないが、少なくとも後漢政権の中枢ではその存在を認識していたのである。考古学的な編年観では、西暦五七年は弥生時代後期前葉、一〇七年は後期中頃とみられる。

金印をめぐって

江戸時代の一七八四(天明四)年に、博多湾の沖あいに浮かぶ志賀島《しかのしま》の「叶の崎《かのう》」で、「漢委奴國王《かんのわのなこくのおう》」と刻まれた金印が発見された。『後漢書』倭伝の建武中元二年記事にある「印綬」にあたると考えられ、現在国宝に指定されている。印面に漢代の隷書《れいしょ》体で「漢／委奴／國王」の三行五字を箱薬研《やげん》形に彫る。現在の印とは逆に文字がくぼむのは封《ふう》泥《でい》に押すからで、貢納品などを納めた箱や竹簡を紐でゆわえてその上を泥土で封じ、その上に押すと文字が高まりとなる。発見当時の聴き取り調査記録である「天明四年志賀嶋村百姓甚兵衛金印堀出候付口上書」によると、甚兵衛が田の境にある溝を掘った際に石が出てきて、これを鉄梃《かなてこ》で取り除いたところ、石の間から出てきたという。出土地点は明確ではないが、諸文書と現地調査から志賀島の南端が推定地とされ、現在、金印公園が設けられている。

この金印は江戸時代以来、真贋論争が繰り広げられ、最近も偽物説が発表されて話題となった（三浦佑之『金印偽造事件』）。しかし、考古学者はだれもこれを疑わない。一九六六年に岡崎敬が公表した詳細な計測と考察を支持するからである（岡崎敬「「漢委奴國王」金印の測定」）。岡崎によると、重さは一〇八・七二九グラムで、印面は一辺平均二・三四七センチメートルで四辺の誤差が最大〇・〇〇八センチメートルという精度で製作されている。漢代に、中央や地方の役所などで基準として用いられたとみなせる発掘された尺をみると、前漢末に約二三・八センチメートルであったのが、王莽《おうもう》代に二三・〇八〜二五・五センチメートルと揺れ幅をもち、後漢代になると二三・五センチメートルとなる。金印はちょうど後漢初めの一寸にあたる。また、鈕が蛇形である点も、漢代の実物としては一九五七年に中国雲南省石寨山《シツァイシャン》第6号墓で前漢代の資料がはじめて出土したのであるから、江戸時代に偽物がつくれるはずはない。もちろん江戸時代にすでに、亀井南冥《なんめい》『金印辨』が『集古印譜』をもとに金印の鈕を蛇鈕と理解しているように、江戸時代に蛇鈕の知識は存在する。しかし、蛇がとぐろを巻いて鎌首を後ろに返すという石寨山の蛇鈕と同様につくり、しかも後漢初めの尺に合わせてつくることが江戸時代に可能なのであろうか。

「漢委奴國王」金印はまさしく西暦五七年に倭の奴国が「奉貢朝賀」したことに対して光武帝が下賜した「印綬」に他ならず、倭人最初の正式外交を示すきわめて重要な物証である。奴国は福岡平野と考えられるから、博多湾の沖あいにある志賀島で金印が発見されたことの意味も議論となるところである。そして、西暦五七年という年代を特定できる意味でも弥生時代研究への寄与は計り知れない……はずである。ところが、この金印は単独で発見され、一九七三年に推定地を発掘しても時期認定できる弥生土器はみられなかったために、弥生土器の編年との照合ができない。ピンポイントの年代がわかるのに、弥生時代のいつかがわからないのである。では、なぜ考古学者は弥生時代後期前半とみなすのか。それは次の二遺跡などの成果から導かれる。

井原鑓溝遺跡と桜馬場遺跡

志賀島で金印が発見されたのと同じ天明年間(一七八一～八八年)、伊都国の地である現糸島市の「怡土郡井原村鑓溝」で農民次市が「一つの壺」のなかから「古鏡数十ありまた鎧《よろい》の板の如きものまた刀剣の類あり」を掘り出した。この資料群は現存しないが、幸いなことに三雲南小路の場合と同じく黒田藩の国学者である青柳種信が『柳園古器略考《りゅうえんこきりゃくこう》』に鏡片の拓本三五枚と巴形銅器の略図を収録してくれたために、詳細な考古学的検討が可能となっている（青柳種信『柳園古器略考』）。

一九三一年にこの拓本を検討した梅原末治は、拓本に重複があるとして二七点をとり上げて一八面に復原し、すべて方格規矩《きく》四神鏡類という鏡式であることを明らかにした（梅原末治「筑前国井原発見鏡片の復元」）。さらに前漢鏡を詳細に編年した岡村秀典は、方格規矩四神鏡Ⅱ式一面とⅢ式一七面で、いずれも岡村編年漢鏡４期（紀元前一世紀第４四半期〜紀元後一世紀第１四半期）、つまり前漢末期から王莽代の鏡群とした（岡村秀典、前掲）。「鎧の板の如きもの」また刀剣類」は図示されなかったので実態は不明だが、少なくとも鉄製の大刀（あるいは剣）が伴ったことは確実である。中期後半の三雲南小路遺跡と肩を並べる破格の副葬品の質量である。しかし、「壺」すなわち甕棺から出土したにもかかわらず、これも甕棺の特徴がまったくわからないので弥生土器編年に反映できず、銅鏡の型式から三雲南小路に後続すると推定されるが、保証はない。銅鏡と甕棺の型式が判別でき、井原鑓溝遺跡や、金印を弥生後期前半の資料と扱えるようになるためには、佐賀県唐津《からつ》市桜馬場《さくらのばば》遺跡と同県吉野ヶ里町三津永田《みつながた》遺跡の事例の出現を待たねばならなかった。

桜馬場遺跡では、第二次世界大戦中の一九四四年に防空壕を掘った際に合口《あわせぐち》甕棺に行きあたり、そのなかから方格規矩鏡が二面と有鉤銅釧《ゆうこうどうくしろ》二六点・巴形銅器三点・鉄刀一片が発見された（日本考古学協会、前掲五五頁）。副葬品の類は掘り上げられたが甕棺は砕いて埋め戻され、スケッチだけがのこされた。しかし、二〇〇七年に再発掘されて方格規矩四神鏡の欠落部にぴったりはまる銅鏡の小片がみつかり、甕棺もスケッチと同じものと断定できた（唐津市教育委員会『桜馬場遺跡』）。それによると、甕棺は後期初頭から一段階下る後期前半のもの、鉄刀は漢式である素環頭大刀であり、さらに巴形銅器や碧玉製・ガラス製管玉、ガラス小玉多数が伴うと判明した。

桜馬場遺跡の鏡二面は岡村漢鏡4期の方格規矩四神鏡Ⅲ式とⅣ式で、井原鑓溝遺跡の鏡群と同じ鏡式である（図5－1）。三津永田遺跡でも鏡式は異なるが同じ漢鏡4期の銅鏡三面が後期前半の甕棺三基に各一面副葬されており、漢鏡4期の銅鏡が後期前半の甕棺に伴うことが繰り返し確認できる。これによって井原鑓溝遺跡で多数の銅鏡群を伴った甕棺も後期前半と扱うことができる。さらに銅鏡だけでなく、王莽が発行した貨幣である貨泉が岡山県高塚遺跡や大阪府亀井遺跡で後期初めの土器に伴うことからも、弥生後期初頭～前半が西暦一世紀前半で

図5-1　佐賀県桜馬場遺跡の方格規矩四神鏡（直径23.2㎝）

あると確認できる。こうして金印が弥生後期前半であることを知りえたのである。

桜馬場遺跡の再調査でもう一点重要なのは、銅鏡を副葬した甕棺の周囲には同時期の甕棺がまったく検出されなかったことである。前漢鏡多数を副葬した中期後半の三雲南小路1・2号甕棺では一辺三〇メートル以上の方形に溝で区画されていたが、桜馬場遺跡も同様であった可能性がある。遺跡のある唐津市は『魏志倭人伝』に記載のある「末盧国《まつろ》」の領域内であり、この副葬品の質や独立した方形区画がある可能性を考えて、末盧国における一世紀代の「王墓」という評価を与えたくなるところである。

井原鑓溝遺跡に話題を戻すと、江戸時代に銅鏡群がみつかった地点はまだ特定できていないが、中期後半の三雲南小路1・2号甕棺の南方約一〇〇メートル付近と考えられる。近年の発掘調査でこの一帯から同時代の墳墓や銅鏡がみつかっており、すでにかなり絞り込まれていると言ってよい。この両遺跡は、江戸時代に発見されたために別個の遺跡名でよばれているが、これまでの一帯の発掘調査を総合すると、弥生早期から後期末まで連続する集落であり、三雲・井原遺跡と統合してよぶのがふさわしいことがわかっている（角浩行「三雲・井原弥生集落の成立と変遷」）。それによると、早期から前期前半に、北部域に小規模な集落として成立し、前期後半から中期前半には五カ所ほどの集落が点在する状況となり、中期後半になって八〇〇×四〇〇メートルほどの環濠で囲まれた巨大な集落に発展し、その南側に墓域がひろがるようになる。後期後半までそうした集落構造は持続しているから、三雲南小路1・2号甕棺と井原鑓溝遺跡は弥生中期後半と後期前半、すなわち紀元前後を挟んで相次いで伊都国の領域を統括した人物の墓地とみても異論はなかろう。そして両遺跡の副葬品のなかに漢鏡が多数を占める状況や志賀島の金印をみると、『後漢書』が伝える二回の外交記事を歴史的事実として受け止めることは何ら問題はない。そして、貨泉が後期初頭から前半に、北部九州から瀬戸内、さらに近畿にまでもたらされていることは、後一世紀の段階に中国本土の物資や情報が西日本一帯にひろまっていたことを示してくれる。

九州最後の弥生「王墓」

この伊都国の領域内には、さらに井原鑓溝遺跡の後継者とみられる埋葬遺跡が調査されている。三雲南小路遺跡や井原鑓溝遺跡が三雲・井原集落に直結する糸島平野内の微高地上に立地していたのに対して、この平原《ひらばる》遺跡は、両遺跡から西北西へ約一・三キロメートル離れており、糸島平野の西寄りを南から北に延びる比高差一〇～二〇メートルの曽根丘陵の北端近くに立地する。糸島平野では後期後半から潤地頭給《うるうじとうきゅう》遺跡や浦志《うらし》遺跡など北部の低地部に大規模な集落や生産遺跡が展開するようになる。こうして集落群が糸島平野にひろく展開することを受けて特定の集落と直結するよりもむしろ糸島平野一帯の集落群と対応する形とみることができるかもしれない。

平原遺跡は一九六五年に発掘調査が行なわれ、幅二～三メートルの溝で一四×一〇・五メートルの方形に区画された墓の中央に設けられた墓坑に、長さ三メートルの木棺の跡が検出された。朱が全面に敷かれた棺内から、方格規矩鏡片一点、ガラス製の耳璫《じとう》二点・勾玉三点・管玉三〇点以上・連玉八八六点・丸玉約五〇〇点・小玉四八一点以上、赤瑪《め》瑙《のう》製管玉一二点、棺外から鉄製素環頭大刀一点と破砕された銅鏡が四〇面という、おびただしい数量の副葬品が出土した。しかも、銅鏡は方格規矩四神鏡三二面と内行花《ないこうか》文《もん》鏡二面・虺竜文《きりゅうもん》鏡一面のほかに、直径四六・五センチメートルという超大型の内行花文鏡五面を含んでいる(図5-2)。

図5-2　福岡県平原遺跡11号鏡(直径46.4 cm)

この調査は福岡県教育委員会の事業としながらも地元の原田《はらだ》大六《だいろく》が中心となって実施された。しかし、その成果は概報(一九六五年)と一般向けに書かれた『実在した神話』(学生社、一九六六年)に概略が公表されただけだったことや、類例のないきわめて特異な銅鏡を含むことから、研究者間でどの時期と考えるかで意見が対立する状況がながらく続いた。弥生時代というよりも、むしろ古墳時代前期でも初頭から一時期下る段階の内行花文鏡や鼉竜《だりゅう》鏡に四〇センチメートル内外の倣製鏡の類例があることから、古墳時代に繰り下げる意見が支配的であった。しかし、原田没後の一九九一年になって『平原弥生古墳——大日孁貴《おおひるめのむち》の墓』が刊行され、また一九八八年以後に再調査された成果も公にされて（前原市教育委員会『平原遺跡』）、ようやくだれもが共通に弥生時代後期後半の北部九州で最有力者の墳墓と位置づけるようになった。

銅鏡群について、岡村は漢鏡4期二面と漢鏡5期（一世紀第2四半期～一世紀後半）三二面に倣製鏡六面とみる（岡村秀典、前掲）のに対して、柳田康雄は方格規矩四神鏡も半数に鋳造不良が認められることなどから倣製鏡を多く含むと考え、渡来した鏡工人によって二世紀後半に伊都国で製作されたと考える（柳田康雄、前掲）。また、清水康二のように超大型内行花文鏡までも漢鏡とみなし後漢末に位置づける見解（清水康二「「平原弥生古墳」出土大型内行花文鏡の再評価」）もあって、評価の難しさを如実に表わしている。しかし、鉛同位体比は弥生後期に製作された青銅器と同一の特徴をもっていることもあり、だれもが時期としては弥生時代の範疇で考える点では一致する。全長八〇・二センチメートルの素環頭大刀も漢代の型式であり、弥生時代後期末に一メートル内外の大型品が鳥取県宮内《みやうち》第一遺跡・福井県乃木山《のきやま》遺跡などでみられるので、弥生時代と扱っても問題ない。

このように平原遺跡を弥生後期後半の最有力者の墓地と考えると、中期後半・三雲南小路↓後期前半・井原鑓溝↓後期後半・平原、という伊都国「王墓」が継続する姿とみることができる。いずれも他の墓から独立した低い盛り土をもつ区画墓で、前漢から後漢までの大型漢鏡（および大型倣製鏡か?）を多数保有し、三雲南小路では銅剣、井原鑓溝と平原では鉄刀という武器が伴うという共通性がある。もちろん、この三遺跡相互の時間的な開きをみると、今後新たにその間に入る「王墓」が発見される可能性はあるが、紀元前一世紀代から後二世紀まで継続して破格の扱いをされた特定の個人が実在したことは疑いえない。それは『魏志倭人伝』にみえる「世々王ある」の記事を彷彿させる。

『魏志倭人伝』と伊都国

『魏志倭人伝』は総文字数二〇〇〇字に満たない、『三国志』のなかでは短文の記事ではあるが、あらためていうまでもなく、弥生時代後期後半から終末期、考え方によっては古墳時代初頭までの時期における倭人の風俗習慣や社会制度・外交を知る最重要資料である。『魏志倭人伝』では、対馬国から邪馬台国まで八国、「其の余の旁国」として二一国、そして女王に属さない狗奴《くな》国の計三〇国を挙げるが、そのなかで伊都国の記事は次のようになっている。

（末盧国から）東南陸行五百里にして、伊都国に到る。官を爾支《にき》といい、副を泄謨觚《せもこ》・柄《へ》渠觚《くこ》という。千余戸あり。世々王あるも、皆女王国に統属す。郡使の往来常に駐《とど》まる所なり。東南奴国に至る百里。

伊都国が邪馬台国（女王国）のなかで重要な位置を占めることがわかるが、不思議な点もある。

その第一は、三雲遺跡番上《ばんじょう》地区でまとまった楽浪系土器や加耶《かや》系土器が出土するので「郡使の往来常に駐まる所」という状況は理解できるが、対馬国の「居る所絶島、方四百余里ばかり。土地は山険しく、深林多く、道路は禽鹿《きんろく》の径の如し…(略)…良田なく、海物を食して自活し、船に乗りて南北に市糴《してき》す」、一支(大)国の「方三百里ばかり。竹木・叢林多く…(略)…やや田地あり、田を耕せどもなお食するに足らず、また南北に市糴す」、末盧国の「山海に浜《そ》うて居る。草木茂盛し、行くに前人を見ず。好んで魚鰒《ぎょふく》を捕え、水深浅となく、皆沈没してこれを取る」という、それぞれの地域の地形や生態環境をよく表わす記載が伊都国にはないことである。これは、対馬・一支・末盧の三国は伊都国までの経路上の国であるのに対して、伊都国以下は邪馬台国(女王国)のもとに一括して記述されているからであろう。しかし、この対馬・一支(壱岐)・末盧の三国の現地を歩くと『魏志倭人伝』の情景描写の的確さに感嘆するだけに、不思議に思う。あるいは地形情報の記述がないことが逆に、伊都国の重要性を反映しているのかもしれない。

第二の不思議は、「千余戸」という戸数である。邪馬台国七万余戸、投馬国五万余戸、奴国二万余戸、末盧国四千余戸、一支国三千戸、そして伊都国と対馬国・不弥国が千余戸であるから、対馬国から邪馬台国までの八国のなかではもっとも小国である。そのために「千」は「万」の誤写とみる意見もある。伊都国といえば通常、三雲・井原遺跡のある糸島平野に注目するが、糸島平野自体は奴国の福岡平野に比べるとはるかに狭い。しかし近年、潤地頭給遺跡など唐津街道沿いや、糸島半島側の九州大学伊都キャンパス内の元岡・桑原遺跡群の調査成果などをみると、旧糸島郡域全体が伊都国の領域と考えられ、そうであれば「万」の誤写である可能性は高くなる。

そしてもう一点不思議、というよりも重要なのは、考古学的に「世々王ある」状態を追認できる伊都国でありながら、「皆女王国に統属す」という点である。いまだ邪馬台国の所在地を考古学的に決定できる段階にはないが、しかしこの記事によるかぎり、北部九州以外の地域である蓋然性が高いといわざるをえない（後述）。

次に、北部九州以外の地域に目を向ける前に、「二万余戸あり」と記された奴国の様子もみておこう。

奴国の遺跡群

奴国の領域と考えられる福岡平野の弥生時代遺跡群は、弥生時代早期の板付遺跡や雀居《ささい》遺跡など御《み》笠《かさ》川流域の低地内の微高地や低丘陵上にまず集落が形成され、やがて御笠川と那珂川にはさまれた低台地上の福岡市比恵・那珂遺跡群や、低丘陵上の春日市須玖遺跡群に中心が移るようである。比恵・那珂遺跡群は、早期〜前期から数カ所の環濠集落が形成され、中期中頃から後半には南北約二キロメートル・東西四〇〇〜八〇〇メートルもの巨大な集落に発展し、後期〜古墳時代前期まで存続する。その南方約二キロメートルに位置する須玖遺跡群も、前期段階の状況は明確ではないが、中期後半には比恵・那珂遺跡に匹敵する規模の集落となっている。第三章で伊都国の三雲南小路遺跡とならぶ奴国の領域内における弥生中期後半の有力甕棺墓として挙げた須玖岡本遺跡D地点は、須玖遺跡群の中央やや北寄りの位置にある。奴国域において、弥生後期になると、井原鑓溝遺跡や平原遺跡に対比すべき墓地遺跡は確認されていないが、集落や青銅器・鉄器の生産と流通の面では北部九州のみならず西日本弥生社会の中核的な位置を占めていたことが明らかになっている(久住猛雄「福岡平野 比恵・那珂遺跡群」)。

須玖遺跡群では、赤井手《あかいで》遺跡で中期後半の小鍛冶《こかじ》遺構や鉄器製作途上の遺物が確認されており、鉄器生産が行なわれていたことがはっきりしている。大谷遺跡では小銅鐸や銅矛など、岡本遺跡では銅矛など、青銅器の鋳造も行なわれた。さらに後期になると北部域の須玖永田《えいだ》遺跡・須玖坂本遺跡・須玖唐梨《とうなし》遺跡・須玖尾花《おばな》町遺跡・黒田遺跡で銅矛・銅鏃・小型倣製鏡・銅鋤先など各種の鋳型や中子《なかご》、銅滓《どうさい》、取瓶《とりべ》といった鋳造関係遺物が多数出土する。とくに須玖永田遺跡では、直線的な溝で区画されたなかに掘立柱建物が整然と並び、そこから青銅器鋳造関係遺物が集中的に出土し、須玖五反田遺跡ではガラス丸玉・勾玉鋳型や勾玉未成品、ガラスが付着した坩堝《るつぼ》がまとまって出土しており、工房地区と考えられる。こうした青銅器・ガラス製品の鋳造関係遺物は比恵・那珂遺跡でも中期後半から後期にかけて多数出土している。その製品は、例えば弥生中期末から後期の北部九州をもっともよく特徴づける中広形・広形銅矛の場合、須玖遺跡群や周辺でもバンジャク遺跡(中広形)九点・西方《にしかた》遺跡(中広形)一〇点・岡本ノ辻遺跡(広形)九点・安徳原田遺跡(広形)一二点など多数埋納されているが、さらに北部九州一円から対馬・四国南西部にも多数もたらされている。この奴国中枢地区が西日本弥生後期社会における青銅器の鋳造センターであったことは疑いない(春日市教育委員会『奴国の首都 須玖岡本遺跡』)。では、伊都国域での青銅器生産はどうかというと、三雲遺跡で広形銅矛鋳型二点と広形銅戈鋳型一点があって、青銅器鋳造は行なっているものの、製品はみられない。伊都国域と奴国域は、北部九州の諸国のなかで格別の位置を占めているが、同質ではないようにみえる。

奴国域を代表する遺跡である比恵・那珂遺跡群についてもう一点注目したいのは、集落構造である。この遺跡はこれまで百数十次におよぶ調査が各所で実施され、かなり全体像が判明してきている。集落構造は、刻々と姿を変えるが、後期後半になると南北二キロメートルにもおよぶ範囲に各種遺構が密集するようになり、その中央を貫くように、両側を溝で区画された幅五〜九メートルほどの道路が走っている。第九九次調査地点では道路が直交する状態も確認されており、各所で竪穴住居や建物・周溝墓などの遺構が道路に並行して構築されている。そしてその道路の北端では、幅二五メートル以上の河川状の落ち込みが掘削されており、運河のような機能を果たしたと推定される(久住猛雄、前掲)。この遺跡のさらに北方の海岸砂丘には博多遺跡群という外来系土器を出土する遺跡があり、奴国域が比恵・那珂遺跡群と須玖遺跡群を中核として、遠隔地と交易・交渉を重ねる状況を彷彿とさせる。

「漢委奴國王」金印は、志賀島という出土地の不思議さはあるものの、こうした近年の奴国域の考古学的調査によって倭国内の最有力国という実体を伴うものとして受け止めることができるようになった。

2 「祭祀」と「墓」の変質

中期拠点集落の終焉

伊都国と奴国が北部九州のなかで格別に優位な位置を占めるようになった弥生中期後半から後期の段階に、より東方の諸地域はどのような状況にあったのであろうか。中期後半の段階では、南関東・北陸以西ではどこでも拠点的な集落が存在し、周辺の集落を統括するとともに、隣接する拠点集落と、情報と物流のネットワークを形成していた。中国地方と四国の東半部から伊勢湾北岸にいたる近畿周辺地域では、そうした各地域で銅鐸を用いた祭祀が行なわれ、そうした宗教儀礼が地域社会を統括する役割も果たしている。ところが、一九七〇～八〇年代に多くの調査が行なわれた大阪平野では、和泉の池上曽根遺跡、河内の瓜生堂《うりゅうどう》遺跡、摂津の安満《あま》遺跡など代表的な拠点集落がいずれも弥生後期前半には極端に縮小することがわかってきた。

例えば、大阪平野北縁にある安満遺跡は、弥生前期から後期まで連続する拠点集落で、その発展の結果、中期後半から後期にかけてその北側丘陵上に次々に分村が成立すると理解されていた。ところが、そのうち芝谷《しばたに》遺跡と古曽部《こそべ》遺跡を調査したところ、険しい丘陵上にあるこの二遺跡はひと続きの集落であり、後期初頭に突如出現することが明らかになった。しかも、その母集落であるはずの安満遺跡は、十分な調査が行なわれているわけではないが、中期までの集落は洪水砂に埋もれた状態で、後期初頭には生活痕跡がとぼしいようである。

じつは、近畿地方では中期後半から後期にかけての土器の変遷がよくつかめず、考古学者が苦悩してきた。一九八〇年代後半にようやく後期初頭の土器群がつかめるようになった。なんといっても、近畿地方各地で後期初頭は土器の資料数が少ない、つまり遺跡数も少ないし、遺跡自体も小規模なのである。北陸や伊勢湾沿岸を含む中部地方一帯や、さらに南関東でも同様で、後期初頭ないし前半の遺跡数も、遺跡規模も、前後の時期に比べると桁違いに少なく、小規模である。前期以来発展してきた各地の弥生社会が、いったん急激にしぼむのである。

しかし、この中期から後期への転換期に、北部九州と近畿地方の中間領域にあたる中国地方で注目すべき現象、すなわち西日本弥生時代社会にとって重要な位置を占めてきた青銅器祭祀が、この地方に限って終焉を迎えるという現象が起きている。

青銅器祭祀終焉のはじまり

一九八四・八五年、島根県の出雲平野から南へやや山あいに入った斐川《ひかわ》町神庭《かんば》荒神谷《こうじんだに》遺跡で、多数の青銅器群が相次いで発見された(松本岩雄・足立克己『出雲神庭荒神谷遺跡』)。まず八四年に、道路建設に先立つ発掘調査で三五八本の銅剣が出土した。丘陵斜面に、底面で二×一・五メートルほどの平坦地を削り出し、そこにひと列九三本・一二〇本・一一一本・三四本ずつ四列に整然と並べる。しかも、すべて刃を立てるが、一本ごとに刃先を互い違いにしていた。周辺を金属探査してみると反応があり、翌年発掘調査すると、同様の平坦地をつくったなかに銅矛一六本を同じく刃先を互い違いにし、さらにその脇に銅鐸六点を、鰭《ひれ》を立てて横たえた状態で並べていた。それから一二年を経た一九九六年、今度は神庭荒神谷遺跡からひと山越えた雲南市(当時加茂町)の山間部から農道工事中に銅鐸三九点がみつかった(吾郷和宏ほか『加茂岩倉遺跡』)。加茂岩倉遺跡と命名されたが、大小の銅鐸を入れ子にして、やはり鰭を立てて埋納していた。この出雲の二遺跡で、なんと総数四一九点という想像を絶する数の青銅器が埋納されていたのである。

これらの青銅器群が、いつどこで製作され、出雲にもたらされたのであろうか。銅剣は、中細形c類と呼ばれる型式であるが、従来北部九州を中心にみつかっているものとは若干形態が異なるもので、出雲地方で製作された可能性が高い。銅矛は中細形a類・b類・c類各一点と中広形一三点で、北部九州の型式と共通する。中広形のうちの七点は刃部を一～二センチメートルおきに研ぎ目を変えて矢羽根状に仕上げており、佐賀県検見谷《けみだに》遺跡などの事例と共通することから、九州で製作されたものがもたらされたと考えられる。銅鐸は、神庭荒神谷遺跡が菱環鈕式(I式)一点と外縁付鈕式(II式)四点で、五点は近畿製であろうが、外縁付鈕式の一例(第1号銅鐸)は鈕の形態や文様の特徴、裾に型持孔がない点では、九州で製作された福田型銅鐸という型式に近い。加茂岩倉遺跡は外縁付鈕式二八点、扁平鈕式(III式)六点、外縁付鈕式か扁平鈕式のいずれか二点、扁平鈕式か突線鈕式(IV式)三点で、ほとんどは近畿製と考えられる。しかし、扁平鈕式か突線鈕式の三点は近畿製の銅鐸と異なる文様表現があり、難波洋三は出雲周辺で製作された可能性があると考えている。

型式からみた製作時期は、銅剣が中期末、銅矛が中期中頃〜末、銅鐸が中期初頭から後半と考えられるから、中期初めもしくは中頃から中期末までの一〇〇年を優に越える長期にわたって、近畿や九州から宗教儀礼用の祭器である銅鐸や銅矛を入手し、儀礼行為が繰り返し行なわれている。それが中期後半になって、出雲でも銅剣や銅鐸を鋳造するようになり、それから間もない中期末になると長期間出雲に集積された青銅器群をいっせいに地中に埋納してしまう状況がうかがえる。神庭荒神谷遺跡の銅剣の茎《なかご》(柄をつけるための突出部)にはたがねで×印が刻まれており、同様の刻みは加茂岩倉遺跡でも各型式の銅鐸の鈕に認められる。その意味は、青銅器がもつ呪術的な役割を封じ込めるとか、逆に呪術的な役割を解くとかいったものが想定されるが、ともかく、長年集積された青銅器群が埋納儀礼の際にそうした扱いを受けて、埋納されている。埋納坑内に青銅器を据える際に、武器形青銅器は刃を、銅鐸は横にして鰭を立てる方法は、北部九州の武器形青銅器や、近畿周辺の銅鐸と同様であり、ひるがえってこうした青銅器は武器形であろうと銅鐸であろうと埋納するときは、どこでも同じ扱いを受けていたとみてよい。

神庭荒神谷遺跡と加茂岩倉遺跡に多数埋納された型式よりも新しい青銅器は、その後ほとんど山陰ではみられなくなり、山陽側でも出土例は激減する。こうして中国地方では、弥生後期になると、西日本各地の弥生社会で伝統的に執行されてきた青銅器祭祀がほぼ終焉を迎える。銅鐸祭祀の終焉について、それまでは各地域で銅鐸が共同体祭祀に用いられてきたが、諸地域が統合される段階に伝統的な銅鐸祭祀が否定され、集積されて埋納され、銅鏡を用いる古墳時代的な新たな宗教儀礼が登場したと考えられた。すなわち、古墳出現前夜に、いっせいに銅鐸祭祀が終焉を迎えると考えられてきたが(小林行雄『女王国の出現』)、じつはそうではなく、弥生中期末にまず中国地方で銅鐸祭祀が終息し、ふたたび古墳出現前夜になって近畿周辺も最終的に終焉を迎えるようである。

そして、ちょうどその頃から山陰を中心とするこの地方に墳丘墓が現われ、その後銅鐸祭祀が全面的に終焉する後期末にいたる間、この墳丘墓が徐々に各地にひろがっていく。

それは、各地の地域集団が共同で豊穣を祈る宗教儀礼が中国地方から姿を消し、一部の有力者が各種儀礼の前面に現われ、その権限の継承に関心が移る時代へと変貌していくことを意味する。

墳丘墓・首長墓の出現

かつて高い墳丘をもつ高塚がすなわち古墳であり、古墳がつくられた時代が古墳時代と考えられていた。しかし、一九六〇年代半ば以後、近畿から関東まで、弥生時代にも低いながら墳丘をもつ墓が造営されたことが知られるようになった。一九六〇年代に、近畿から関東にかけて弥生中期〜後期の方形周溝墓、北陸から北近畿で後期の方形台状墓が検出されはじめた当初は、古墳形成に先立つ現象、すなわち有力首長墓の形成として注目された。しかし、それらの多くが群集することが明らかになると、むしろそれらは家族墓ないし世帯墓といった集団構成員の墓地とみなされ、古墳形成とは切り離して考えられるようになった。

ところが、ちょうど同じ頃、中国地方各地で、方形周溝墓や方形台状墓よりも大型かつ独立した墳丘をもつ墳墓が相次いで検出されはじめた。とくに一九六三年に調査された岡山県宮山遺跡は、墳丘の高さは約三メートルであったが、後円部直径二三メートル、全長四〇メートルの前方後円形の墳丘をもち、後円部上には長さ三メートルほどの小形の竪穴式石室が設けられ、銅鏡や刀剣類が副葬されていた。さらに後円部やくびれ部には葺石《ふきいし》が施され、埴輪に似た大型の特殊な器台や壺があり、著しく古墳時代の前方後円墳と類似し、どう評価するか議論となった。それから一〇年あまりを経た一九七六年から調査がはじまった同県倉敷市にある楯築《たてつき》遺跡は、直径約四〇メートル・高さ約五メートルの不整円形の主丘部の南北に方形の張り出しがつく全長約八〇メートルという規模の双方中円形の大型弥生墳丘墓であった（近藤義郎『楯築遺跡』）。主丘部の中央に木槨が設けられ、その底に三二キログラムもの朱を用いた木棺の痕跡があり、鉄剣や硬玉製勾玉・碧玉製管玉・ガラス小玉などが副葬されている。新たに墳丘墓と命名されて、出土土器から弥生後期後半と報告されたが、これらはむしろ古墳と扱うべきだという意見も出され、今日まで、これらの墳丘墓に関連して、弥生時代から古墳時代への転換期をどの時点と考えるか、さまざまに議論されることになる。しかし、本書では、箸墓古墳をはじめとする定型的前方後円墳の出現をもって古墳時代のはじまりと考え、楯築遺跡は弥生後期後半の墳丘墓と理解したい。

　山陽地方だけではない。山陰地方でも弥生後期には四隅突出形墳丘墓が発達し、楯築遺跡と同じ段階には四〇×二五メートル四方に高さ約四メートルもの墳丘をもつ出雲市西谷《にしだに》3号墓や、さらに長辺が約五〇メートルもの規模をほこる鳥取市西桂見《にしかつらみ》遺跡などの大型の四隅突出形墳丘墓が形成される。西谷3号墓は墳丘の中央に大型の木槨が設けられ、棺を設置して埋め戻した上に中国の霊廟を思わせる掘立柱の構築物を設けている。また後述するように楯築遺跡と同型式の特殊器台・壺が墳丘墓に設置されており、有力首長の葬礼に遠隔地の首長が参列するといった首長間連携が進みつつあることを思わせる(一九七頁)。

こうした墳丘墓と古墳形成との関係については、のちほどもう一度とり上げたい。

3 日本海の「鉄器」文化

青谷上寺地遺跡

弥生時代後期ないし古墳出現前夜の状況については、従来、ともすれば邪馬台国所在地論争を視界に入れるかのように、北部九州対畿内という二項対立で考える傾向が強かった。

そうしたなかで、中国地方の弥生後期後半に前方後円形や双方中円形、四隅突出形の大型墳丘墓が形成される様子が明らかになり、各地の古墳出現前夜の状況とその相関を読み解くことが必要であると認識されるようになったことは重要である。

墓地だけでなく、集落や遺物の面から中国地方の弥生後期の状況をより鮮やかに示したのが、鳥取県妻木晩田《むきばんだ》遺跡と青谷上寺地《あおやかみじち》遺跡である。

妻木晩田遺跡は伯耆《ほうき》富士の異名をもつ大山の北西麓にある遺跡で、南北約二×東西〇・七〜一キロメートルの丘陵上の各所に集落が展開する。複雑に入り組む谷がある点は注意を要するとしても、総面積では佐賀県吉野ヶ里遺跡をも凌駕する。そして多くの集落や耕地がひろがっていたであろう米子平野を一望できる、洞ノ原《どうのはら》地区という丘陵先端の一角には、直径七〇～八〇メートルの環濠がめぐり、逆にもっとも平野から隔たった松尾頭《まつおがしら》地区には庇付大型建物が設けられ、後漢鏡である内行花文鏡片が出土するなど、巨大な集落の中枢の役割を果したたと考えられる。

また、青谷上寺地遺跡は、鳥取平野と倉吉平野の間にひろがる山がちの地形のなかの狭い沖積地に営まれた遺跡である。調査によって、集落内の環濠や溝が矢板で護岸され、さらに集落内も板や杭で複雑に区画された状況や、古代の連子窓《れんじまど》を思わせる建物の窓枠のようなものまでそっくり検出された。出雲地方の神社に今も用いられるのと同じ、日月の彫刻のある琴が土坑内に収められたり、どのような意図で行なわれたのか木製椅子の脚部にヒトの犬歯が打ち込まれていたり、溝内から埋葬されたとは思われない人骨群が検出されて、そのうちの一体の頭蓋骨内には脳までも遺存するなど、特異な遺物や状況が確認されて注目された。一方、鹿角製の銛頭やヤス・釣針が多数出土し、一般に農耕のイメージが強い弥生時代であるのに、この遺跡からすぐ北側の日本海岸の岩礁地帯で活発に漁撈を行なっていたこともわかる。さらに出土した鉄器類は、製作する際の鍛打《たんだ》の痕までも観察できるほどで、きわめて保存がよい。妻木晩田遺跡とともに鉄器の出土数の多さは、弥生後期の日本海側では鉄器が著しく豊富に流通していたことを鮮やかに示す。そして、これらの鉄製木工具を用いて製作された木製品は精巧なつくりの製品が多く、弥生人の美意識の高さを思い知らされる。そして花びら形の装飾が彫刻された高杯の優品が、当地域からもたらされて石川県内の遺跡でも出土している。

鉄器が豊富に出土する状況はさらに北近畿の丹後半島の諸遺跡でも確認できる。

北近畿の墳丘墓と武器副葬

こちらは多くが墳墓遺跡であるが、例えば、天橋立を東側眼下に望む丘陵先端にある、京都府与《よ》謝《さ》野《の》町大風呂南《おおふろみなみ》遺跡1号墓では、約三〇×二〇メートルの方形台状墓の中心埋葬（1－1号主体部）の被葬者の胸部両側に鉄剣一一点と鉄鏃・ヤスが添えられ、頭頂部には有鉤銅釧（腕輪）一三点とゴホウラ製貝釧一点、中央に環状のガラス製釧が置かれ、周囲にも一～五点の鉄剣や鉄鏃が添えられていた。

鉄剣や素環頭刀・鉄鏃といった鉄製武器や、鉇《やりがんな》や刀子などの木工具を副葬する習俗は、同じ丹後半島にある京丹後市金谷《かなや》遺跡や三坂神社3号墓などでも確認でき、後期後半にはさらに鳥取県内から北陸一帯までひろまっている。さらに、長野県北端に近い木島平村根塚《ねづか》遺跡では木棺墓に副葬されたと推定される長さ七二センチメートルの有柄鉄剣が検出されているが、その柄部には渦巻き飾りがつくり出されていた（図5－3）。鉄の分析をしてみると、こうした装飾がつくり出せるように軟質に仕上げる加工技術を用いていることがわかっている（木島平村教育委員会『根塚遺跡』）。渦巻き飾りは日本列島の弥生時代にはまったく類例がなく、むしろ朝鮮半島東南部の加耶地域の鉄剣などに特徴的なものである。しかしその一方で、この鉄剣の柄の軸は剣身からわずかにふれており、柄の脇に突出部が派生するのは、明らかに東日本で縄文時代いらい引き継がれてきた鹿角製の剣柄の系譜をひく特徴である。弥生時代後期には、長野県域から関東地方にかけて、細い鉄板を螺旋形に巻いて腕輪にした製品が分布しており、長野県北部域で製作された可能性が考えられているが、さすがに渦巻き飾りのある長剣までも長野県内で製作されたと考えることには躊躇する。こうしたことから、この鉄剣は、長野など東日本側からの求めに応じて加耶地域で製作された鉄剣である可能性が高い（豊島直博「弥生時代の鹿角製鉄剣」）。

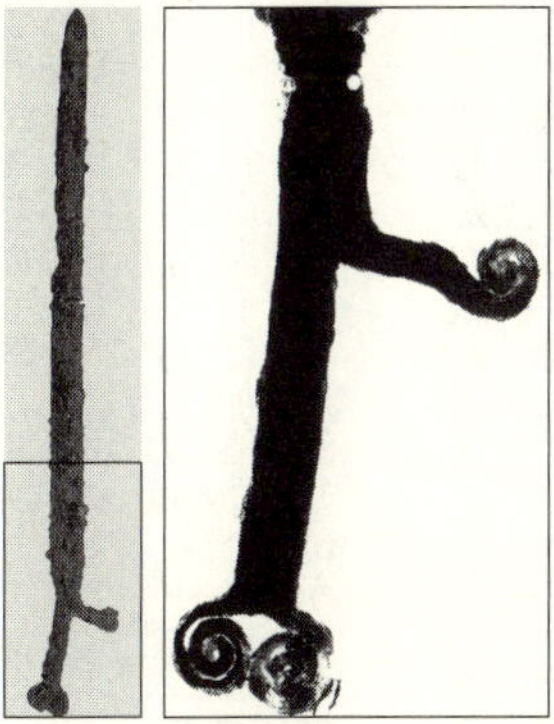

図 5-3　長野県根塚遺跡の渦巻き飾り鉄剣（右はエックス線写真）

このように、弥生後期も後半になると西日本だけでなく、関東までひろく鉄器が普及し、さらに日本海側から長野県北部や関東方面までのルート上にのる地域では鉄器副葬の風習もひろまっている。鉄製武器を副葬するのは桜馬場遺跡のように北部九州でも認められ、大風呂南遺跡で有鉤銅釧が多数伴っていた点も桜馬場遺跡の甕棺との共通点とみることができる。しかし、大風呂南遺跡のように多数の武器が集中して副葬される例はまったく類例がない。そして桜馬場遺跡では鉄製素環頭大刀という漢式の武器であるのに対して、大風呂南遺跡では鉄剣ばかりである。このように鉄剣を副葬するのは、中国本土よりもむしろ加耶地域など朝鮮半島に特徴的であり、日本海側の鉄剣副葬は加耶などの副葬風習の影響を受けた可能性が考えられる。もちろん、日本海側の鉄製武器副葬が鉄剣ばかりではなく鉄刀も散発的に認められるとしても、注目すべき現象であろう。

こうした大陸とのかかわりをみるとき興味深いのは、丹後地域ではこの時期の木棺が舟形を呈する事例が顕著な点である。弥生時代の木棺は通常、底板に長側板・短側板各二枚を立てて蓋をする組み合わせ式の箱形を呈するが、丹後地域では半割りした材を刳りぬいて木棺とする形式が多く、その一方が舳《へ》先《さき》のように尖り気味に加工されて丸木舟のような形となっているものが目につく。それだけでなく、青谷上寺地遺跡では弥生中期後葉の層から出土した板に六艘、兵庫県豊岡市袴狭《はかざ》遺跡では古墳時代前期の板に一六艘の準構造船（板材を組んで船体とする構造船に対して、船底部が刳りぬき式のもの）が、あたかも船団をなして進むように線刻で表現された絵画が描かれている。太平洋側にくらべて穏やかな日本海を、こうした船団が悠然と往来し、朝鮮半島南部から北陸一帯まで鉄素材や鉄器を主とする物資の流通を担っていた情景を思い浮かべることができる。さらに、こうした北陸以西の物流の広域化が整う段階に、前章で触れたように、続縄文文化の人びとがしばしば新潟県域まで南下しており、これを契機として北方世界も急速に鉄器が普及していくことになる。

青銅器祭祀から墳丘墓へ

このように、弥生後期になると、中国地方で弥生時代の特徴のひとつでもある青銅器祭祀は一気に低迷し、替わって後期中頃以後になると墳丘墓が特徴的に現われてくる。近畿地方から中国地方までの青銅器祭祀は、本来的には農耕儀礼として行なわれた集団の宗教儀礼であり、それを執行する司祭者が特別な役割を演じるとしても、その人物がそのまま社会的に優位な位置にあるわけではなかった。つまり先述のように、これら地域の弥生中期の社会では、大阪市加美《かみ》遺跡や瓜生堂遺跡などの墳丘をもつ大型の方形周溝墓のように、あくまで有力家族墓であり、特定の被葬者が格別な扱いを受けたということではなかった。しかし、後期の前半ないし中頃になると北近畿から中国地方にかけては、さきほど述べたように格別な扱いを受ける個人が出現する。被葬者の生前の社会的位置に従った扱いを受けて墓地に埋葬される習俗へと移行していく様子がうかがえる。それは、北部九州では弥生前期にすでに現われ、中期初めになると吉武高木遺跡のように有力者集団がひとつの墓域を構成して、そのなかに突出した扱いを受ける人物が登場する。そして中期後半には、三雲南小路遺跡や須玖岡本遺跡D地点のように、特定の個人が独立した墓域を画し、舶載品である漢鏡を多数副葬する「王墓」とよぶにふさわしい墓が登場する。こうした、生前の社会的位置を直截に死後の世界にも表現する観念が、弥生後期になって徐々に中国地方から北近畿、さらに北陸方面までもひろまったと考えられる。それは、古墳時代の前方後円墳に比べればはるかに小規模であるとしても、それに通じるものであり、社会の大きな転換期であったと理解できる。

4　考古学がみる「邪馬台国」

これまでなるべく時間の経過にしたがって社会変化などの様子をみてきたが、弥生時代後期後半からの古墳出現までの過程は飛躍的な展開を示している。そこで、

定型的前方後円墳とは

逆に、最初期の古墳の特徴を確認した上で、その特徴がどのようにして形成されたかを考えることにしよう。

古墳とは何かを考えるには、最初期の古墳の特徴を明らかにし、それがどのように形成されたかを検討する必要がある。こうした観点から、近藤義郎らが一九六〇～七〇年代に集中的に調査・研究を進めたことによって、古墳の成立過程が著しく明確になった(近藤義郎、前掲七九頁)。かつて、古墳とは漠然と高塚古墳を指し示す用語であったが、弥生時代にも楯築遺跡や宮山遺跡をはじめとする双方中円形や前方後円形の大型墳墓が存在することが明らかになると、古墳との違いを明確にする必要が生じたのである。近藤は、定型的前方後円墳の出現が古墳時

代のはじまりとし、古墳時代とは前方後円墳がもっとも特徴的であり、かつ社会的に重要な時代だとする。さらにそれを明示する意味から時代名称も古墳時代よりも前方後円墳時代とよぶべきであると主張し、楯築遺跡など弥生時代の墳墓を弥生墳丘墓とよんだ。都出《つで》比呂志もまた、各地の有力首長が相互に連携して定型的前方後円墳を構築する前方後円墳体制とよぶべき社会体制が古墳時代には構築されたと考えた（都出比呂志「日本古代の国家形成過程論序説」）。

ここでいう定型的前方後円墳とは、定型的ないし定式化した墳丘形態・埋葬施設・副葬品を備えた前方後円墳を指している。定型的墳丘形態とは、正円形の後円部に左右対称の前方部がつき、前方部・後円部とも段築をもって構築され、最初期のものでは前方部の左右がバチ形に開く形態をいう。それだけでなく、奈良県桜井市箸墓古墳の全長約二八〇メートルの墳丘プランを三分の二にすると京都府木津川市椿井大塚山古墳に一致し、岡山県浦間《うらま》茶臼山《ちゃうすやま》古墳は二分の一、などと、遠隔地どうしの古墳がサイズは異なるものの整数比の同一規格で構築されていることも確認されている。埋葬施設は、長大な竪穴式石室（石槨）に割竹形木棺を設置し、石室の壁や木棺内などに多量の朱を用いる。副葬品は三角縁神獣鏡を主とする漢鏡を多数副葬する傾向が顕著で、これに鉄製の刀剣類や農工具を伴うという特徴をもつ。

広域連携の形成

このような最初期の定型的前方後円墳は、箸墓古墳をはじめとする、畿内から東部九州の福岡県苅田町《かんだまち》石塚山古墳に至るまでの瀬戸内海沿岸を中心とする西日本各地に構築された。こうした現象を、各地の最有力首長どうしが政治的な連携を結んだことを反映したものとみなし、その段階をもって古墳時代の開始と認め、その時代の墳墓を古墳とする。

それでは、こうした広域連携はどのようにして形成されたのであろうか。それを考えるために、これまで、定型的前方後円墳を構成する要素の出自の検討が行なわれてきた。例えば前方後円形の墳丘形態は、岡山県楯築墳丘墓の双方中円形の墳丘形態に源流を求めることができる。さらに前方後円形墳丘墓は円形の墳墓に前方部が付加された形態であるが、円形の墳墓は弥生時代前期以来中部瀬戸内にのみ特徴的にみられるものであるから、この点でも中部瀬戸内の伝統とみることができる。竪穴式石室も、岡山県黒宮大塚墳丘墓や雲山鳥打《くもやまとりうち》2号墳丘墓などに塊状の礫を積み上げた実例があり、埋葬施設で朱を多量に用いるのも楯築墳丘墓などで確認できる。埴輪の起源と考えられる特殊器台・特殊壺を墳丘上で用いるのも中部瀬戸内に特徴的である。これに対して、墳丘の裾や表面に礫石を敷き詰めて葺石とする手法は、中部瀬戸内よりもむしろ山陰の四隅突出形墳丘墓や北近畿の方形台状墓で外表に裾石をめぐらしたり、墳丘に礫石を葺いたりする手法を継承するものであろう。墳丘に突出部を設ける点も、四隅突出形墳丘墓で弥生中期末から方形墳丘の四隅が徐々に発達して突出部になる過程を追跡できるので、ここに源流を求めるのが自然である。

とはいえ、これらの地域では、漢鏡の多数副葬はみられず、稀に後漢鏡が一面のみ見出されるにすぎないし、鉄刀・鉄剣の副葬も北近畿の大風呂南1号墓で多数副葬例がみられるだけで、瀬戸内側を含めて一点のみの実例がほとんどである。漢鏡の多数副葬は、むしろ北部九州の弥生中期後半以後の甕棺や木棺を埋葬施設とする区画墓に特徴的であり、前方後円墳の墳形の祖形を中部瀬戸内に求める論理との整合性をはかるとすれば、当然、北部九州にこそ源流があるとみるべきであろう。このように、定型的前方後円墳を構成する要素の源流をたどると北部九州から瀬戸内・山陰~北近畿にもとめることができ、これらの諸地域の伝統を取り込みながら定型的な前方後円墳という定式が創始されたと考えられる。

それでは、そうした広域連携は、ある時点で突如達成されたのであろうか。その問題を考えるときに注目されるのは、出雲市の大型四隅突出形墳丘墓である西谷3号墓に、岡山県南部に特徴的な楯築遺跡と同型式である立坂型特殊器台・特殊壺がたて並べられ、また北近畿など遠隔地の土器も埋葬施設上の土器群のなかに含まれている点である。出雲地域の最有力首長が亡くなった際に執行された葬礼に際して、中部瀬戸内や北近畿という遠隔地の有力者や派遣された人びとが、それぞれの地域の葬礼に用いる器物を携えて参列する状況が想定される。この段階ではそれぞれの地域ではまだ各々独自の墳丘墓を構築しているものの、葬礼を通して各地域首長層どうしが連携をはかる姿をそこに見出すことができる。それから定型的前方後円墳の成立までは数十年、数世代の時間の経過があるが、その間、西日本各地の首長どうしで連携に向けた動きが徐々に拡大していった。

纏向型「墳丘墓」

各地の最有力首長どうしがより広域に連携する状況が明確になるのは、楯築遺跡や西谷3号墓につづく段階で、なおかつ定型的前方後円墳が成立する直前にあたる。近畿の土器型式でいえば、庄内式土器の段階である。この時期に、奈良盆地東南部の桜井市にある纏向《まきむく》遺跡では、北西部に四基、東南部に一基、ややいびつな後円部に未発達な前方部が付設された前方後円形で、墳丘全長が一〇〇メートル近い大型の墳墓が相次いで造営された。北西部にある纏向石塚は、前方部を東南東に向け、全長が九六メートルもある。後円部は、約六四メートルをはかる最大径が中心よりも後方にずれた団扇形を呈し、前方部は約三五メートルと定型的前方後円墳よりも短く、南側がバチ形に開く。残念ながら墳丘がかなり削平されて埋葬施設は失われているが、その規模も、前方部がバチ形に開く形態からも、纒向遺跡の南部に位置する最初期の定型的前方後円墳である箸墓古墳に先行して構築された墳墓とみるにふさわしい。

また、東南部にあるホケノ山「古墳」は全長約八〇メートルあり、直径約六〇メートルの後円部は正円形に近いが前方部側に間延びしたバルーン形で、約二〇メートルの未発達な前方部がつく（奈良県立橿原考古学研究所『大和の前期古墳 ホケノ山古墳調査概報』）。後円部の墳丘は高さ約七・七メートルもあって比較的よくのこっており、二〇〇〇年の発掘調査で埋葬施設が検出された（図5－4）。後円部のほぼ中央に穿たれた約一〇×六メートルの墓坑のなかに、川原石を積み上げて六・七×二・六メートルの石組みを設け、その内側に柱でヒノキ材を含む板材を組んで木槨をつくり、中央に長さ五・三メートルのコウヤマキ製の舟形木棺が置かれる。副葬品として、画文帯《がもんたい》神獣鏡一面および同種鏡と内行花文鏡の破片、素環頭大刀一点・鉄刀一点・鉄剣六点以上・鉄鏃七五点以上・銅鏃七三点以上、鉄鑿・鉄　鉇《やりがんな》　各二点などの豊富な副葬品が伴う。埋葬施設は一部が盗掘を受けており、ホケノ山出土と伝えられる画文帯神獣鏡二面と内行花文鏡一面があり、もしこれらの出土地が確かであるとすると漢鏡四面以上が副葬されていたことになる。

図5–4　奈良県ホケノ山古墳の埋葬主体部と画文帯神獣鏡

こうしたいびつな後円部と未発達な前方部をもつ前方後円形の墳墓を、寺沢薫は纒向型と呼び、佐賀県椛島山《かばしまやま》遺跡から千葉県神門《ごうど》5・4号墳までの広範囲に分布することを明らかにした（寺沢薫「纒向型前方後円墳の築造」）。箸墓古墳など最初期の定型的前方後円墳に先行する庄内式土器の段階に属すものが多いために、弥生墳丘墓と扱うか、古墳とみなすか、学界でも意見が分かれている。しかし、北部九州から南関東までという、最初期の定型的前方後円墳よりも広い範囲に共通して認められ、なかにはホケノ山のように漢鏡と鉄製武器・工具類を豊富に副葬する点は、楯築などの弥生墳丘墓よりもはるかに古墳に近い。また、この庄内式土器の段階は、北部九州や有明海沿岸で近畿や近江・東海系の土器、関東の東京湾沿岸でも近畿・東海・北陸系の土器が出土するなど、広範な土器の移動や模倣現象が捉えられており、地域間交流が活発に行なわれたことが明らかになっている。こうした広域にわたる物資と情報の交換を統括する首長層が相互に連携し、その結果として纒向型という墳墓型式を共通にする関係をもたらしたと考えられる。それは定型的前方後円墳が出現した段階と現象的には大きく異なるものではないが、しかし近畿中央部と地方の連携の強さと格差の大きさは比較するべくもない。

漢鏡分布の急変

弥生後期後半の楯築墳丘墓よりも一段階下る纒向型墳丘墓が広域分布を形成する段階に起こった、もうひとつ注目すべき現象が、日本列島における漢鏡分布の急変である。

岡村秀典は、漢鏡7期と位置づける鏡群をさらに三段階に分類し、二世紀前半の漢鏡6期の鏡群が楽浪郡や日本列島では著しく減少していたのが、二世紀後半の漢鏡7期第一段階に復活することにまず注目する(図５－５)。これは、一八九年に霊帝の亡くなったのちに起こった後漢王朝の内部抗争が激化する動乱に乗じて、遼東太守の公孫度《こうそんたく》が自立して山東半島にも勢力を伸ばし、さらに子の康《こう》が楽浪郡の南に帯方《たいほう》郡を設置したことを反映するものであるという。上方作《じょうほうさく》系浮彫式獣帯鏡・飛禽《ひきん》鏡・画像鏡などの漢鏡７期第一段階の鏡群は、公孫氏が勢力を伸ばした山東半島の南部からさらに江蘇方面で製作されたものであり、これによって帯方郡を含む楽浪地域への漢鏡の流入が復活したのだという。そして第二・三段階には、楽浪地域では銅鏡の出土数が減少し、九州でも激減してしまう。ところが九州以東での銅鏡出土数は減少することはなく、したがって第二段階に日本列島における銅鏡分布の中心が、それまでの北部九州から九州以東の近畿へと激変し、それは第三段階以後まで維持される。この第二段階でも前半の鏡が画文帯神獣鏡で、製作年代はおおむね二世紀第４四半期にあたる。この漢鏡分布の激変を、岡村は「これが「倭国乱れ、相攻伐すること歴年、すなわち共に一女子を立てて王となす。名づけて卑弥呼という」と『魏志』倭人伝に記された、倭国乱の終息と邪馬台国を盟主とする倭王権の樹立とを反映していることはいうまでもない」と断じる(岡村秀典、前掲)。

もちろん岡村の論議では、漢鏡の伝世を前提にしている点は十分に留意する必要がある。すなわち、例えば古墳時代前期の前方後円墳である奈良県天理市天神山古墳で出土した銅鏡二三面のうち、一〇面が漢鏡５期、七面が漢鏡７期、六面が古墳時代の倣製鏡であるが、漢鏡５

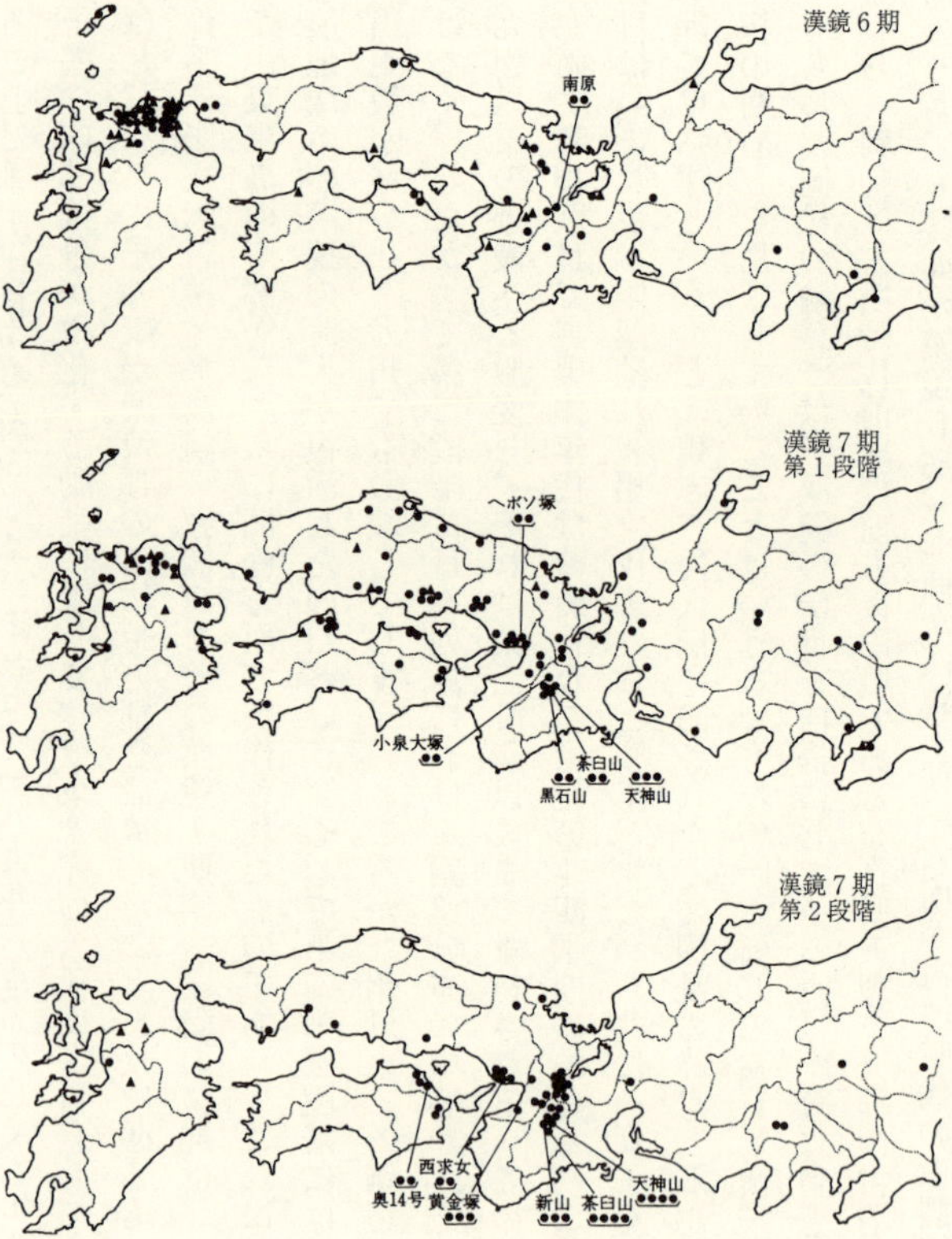

図 5–5　岡村漢鏡 7 期における西日本の銅鏡分布の激変．●印は完鏡，▲印は破片を示す．印の数が出土点数に相当

期・7期の銅鏡はそれぞれ製作から間もない時期に流入し、この地域で伝世されたものとして、鏡式ごとに分布の推移を追うという手法をとる。したがって、この伝世がはたして古墳のある地域で行なわれたのかどうかの保証がないという批判も当然出てくるが、ホケノ山のように、定型的前方後円墳出現以後に限ってみられる三角縁神獣鏡をまったく含まず、漢鏡5期と7期第二段階の銅鏡が群をなす調査事例が現われると、岡村の議論が現実味を帯びてくる。

中平年銘大刀

そうした議論をみるとき、もう一点注目すべき資料がある。奈良県天理市東大寺山古墳から出土した「中平□□五月丙午造作文刀百練□上應星宿□□□□」と背に金象嵌された鉄刀である(図5－6)。

この古墳自体は、古墳前期でも後半に属し、この鉄刀もその段階の装飾豊かな環頭が装着されている。しかし刀身自体は、全長一一〇センチメートルにもおよぶ内反りの形態で、それ以

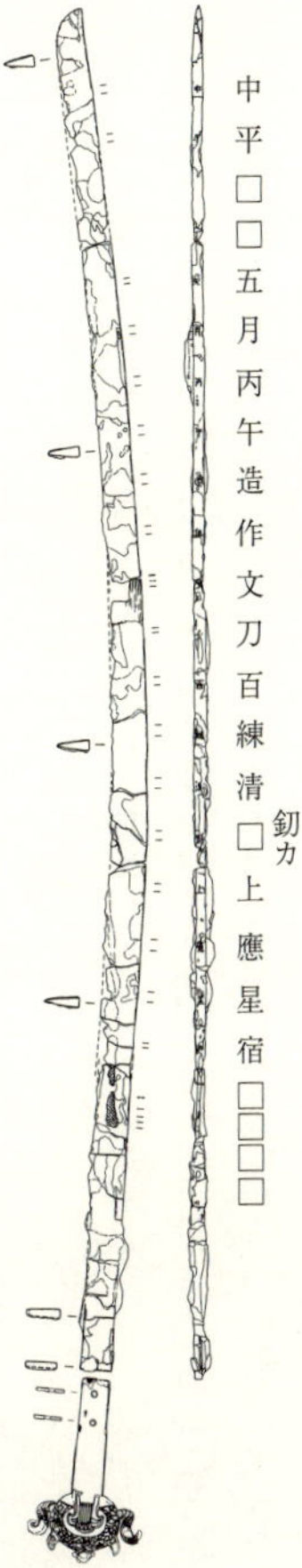

刀身部長　86.4 cm
環頭柄頭長　13.6 cm
復原全長　102 cm

図5-6　東大寺山古墳の中平年銘大刀

前に舶載された漢代の素環頭大刀が、環頭部を断ち切られた代わりに環頭飾りがつけられたものである。そして、この「中平」とは、後漢霊帝の最後の年号(一八四〜一八九年)である。『後漢書』に「桓・霊の間、倭国大いに乱れ、更、相攻伐し、歴年主なし。一女子あり、名を卑弥呼という」と記す、倭国乱の終息と卑弥呼擁立の時期と合致する年号であることから、さまざまに議論を呼ぶ資料である。とくに、この古墳を調査した金関恕《ひろし》は、仮説にすぎないとことわりつつ、卑弥呼擁立の際に、すなわち中平ないし次の初平(一九〇〜一九四年)年間、後漢王朝に使いが派遣されたものの、さきほど触れた遼東に勢力を張った公孫氏に行く手を阻まれ、これにたいして公孫度が自らの工房でつくらせたこの鉄刀を倭の使いに与えて同盟を結んだのではないか、と推測する(金関恕「卑弥呼と帯方郡」)。

岡村の漢鏡7期第二段階をめぐる議論とまさしく直結する仮説である。しかしこれも、岡村の銅鏡の議論と同様に、近畿における伝世が前提となっている。はたして中平年間から間もない時点にもたらされたのか、また当地域での伝世とみなしてよいのか、あるいは三世紀半ば前後よりも後に近畿にもたらされた可能性はないのか。別の角度からこれら文物の動きを検証することができない現状では、仮説以上の受け止め方をするのは慎重を期さねばならない。

しかし一方で、『魏志倭人伝』の終盤の記事のように、この段階に際立った外交交渉があったことも忘れてはならない。倭の女王卑弥呼が、景初三(二三九)年六月大夫難升米《なんしょうまい》等を遣わしてから、卑弥呼死亡後の争乱ののち、卑弥呼の宗女台与《とよ》による魏への遣使までの外交記事である。景初三年遣使にたいして魏の明帝は「女王を親魏倭王に制詔し、金印紫綬を仮」する。正始八(二四七)年の遣使で狗奴国男王卑弥弓呼《ひこみこ》との争いを知ると、帯方郡の塞曹掾使張政《さいそうえんしちょうせい》等を遣わして女王国を支援する。卑弥呼の死後、男王を立てたが争乱が起こり、台与が立ってようやく国中が定まった際に、ふたたび張政を派遣する。倭国側は内部の覇権闘争に魏の支援を仰ぎ、魏側もそれを支援することで、呉に対する牽制効果を期待するかのようである。倭国にとっても魏にとっても、外交が、『後漢書』に記された建武中元二年・安帝永初元年の遣使の段階とは明らかに異なる明確な意味合いをもつようになっている。金関と岡村が考える二世紀末の外交は、そのさきがけとしてありえたことと、推測する。

そして纒向遺跡

邪馬台国論争は、江戸時代以来、九州説と畿内説がある。そして、戦後間もない一九五〇年に、藤間《とうま》生大《せいた》『埋もれた金印』が刊行され、一九五一年には岩波文庫に『魏志倭人伝』が収録されたことは、だれもが自由に国家形成を論じることを可能とし、日本歴史上もっとも関心をよぶ論争になって現在に至る。本書では、考古学的にみて、弥生中期後半〜後期に北部九州で最有力であった地域は奴国と伊都国の領域であるにもかかわらず、伊都国が「世々王あるも、皆女王国に統属」したことから、邪馬台国所在地には九州以外のいずれかの地域を考えざるをえないとみる。右に述べたように近畿とみるのがもっとも順当であろうが、たとえこの点を留保したとしても、考古学の方法によるかぎり、定型的前方後円墳の形成や、纒向型と呼ばれる前方後円形墳丘墓の分布の核となった地域として、奈良盆地のとくに東南部を上げることに異論はないであろう。とくに、桜井市の纒向遺跡や箸墓古墳、また二〇〇九年に再調査された桜井茶臼山古墳は、この論争の上でもっとも重要な位置を占める(図5-7)。

纒向遺跡は、これまで八〇数回の調査を経たものの、いまだ一部分が明らかになったにすぎないが、弥生後期末に突如形成された、一キロメートル余り四方の範囲に集住する大規模な集落であることがわかっている。大阪平野では、弥生時代前期にはじまり、中期には一〇ヘクタール以上の大規模な環濠集落に成長する遺跡も、後期初めには急激に縮小する。奈良盆地では、例えば唐古鍵遺跡のように後期になっても存続し、中核的な集落であり続けることがわかっている。しかしこうした唐古鍵遺跡も後期末には一気に衰退しており、拠点集落の継続性という点でも後期末段階は、大きな転換期であった。それまでの奈良盆地内の集落群が再編成され、纒向遺跡という計画的な大規模集落が造成されている(寺沢薫『王権誕生』)。両岸をヒノキ材で護岸した運河を思わせる水路や、土手を伴う大溝、建物の一部である簾壁《すだれかべ》などが検出され、フイゴ羽口《はぐち》や鉄滓などの鋳造遺物が出土し、祭祀具とみられる木製の鏃や刀剣形品・舟形品、吉備系の弧《こ》帯文《たいもん》円板など、特異な遺構・遺物が出土する。東海から北陸・山陽・山陰、さらに北

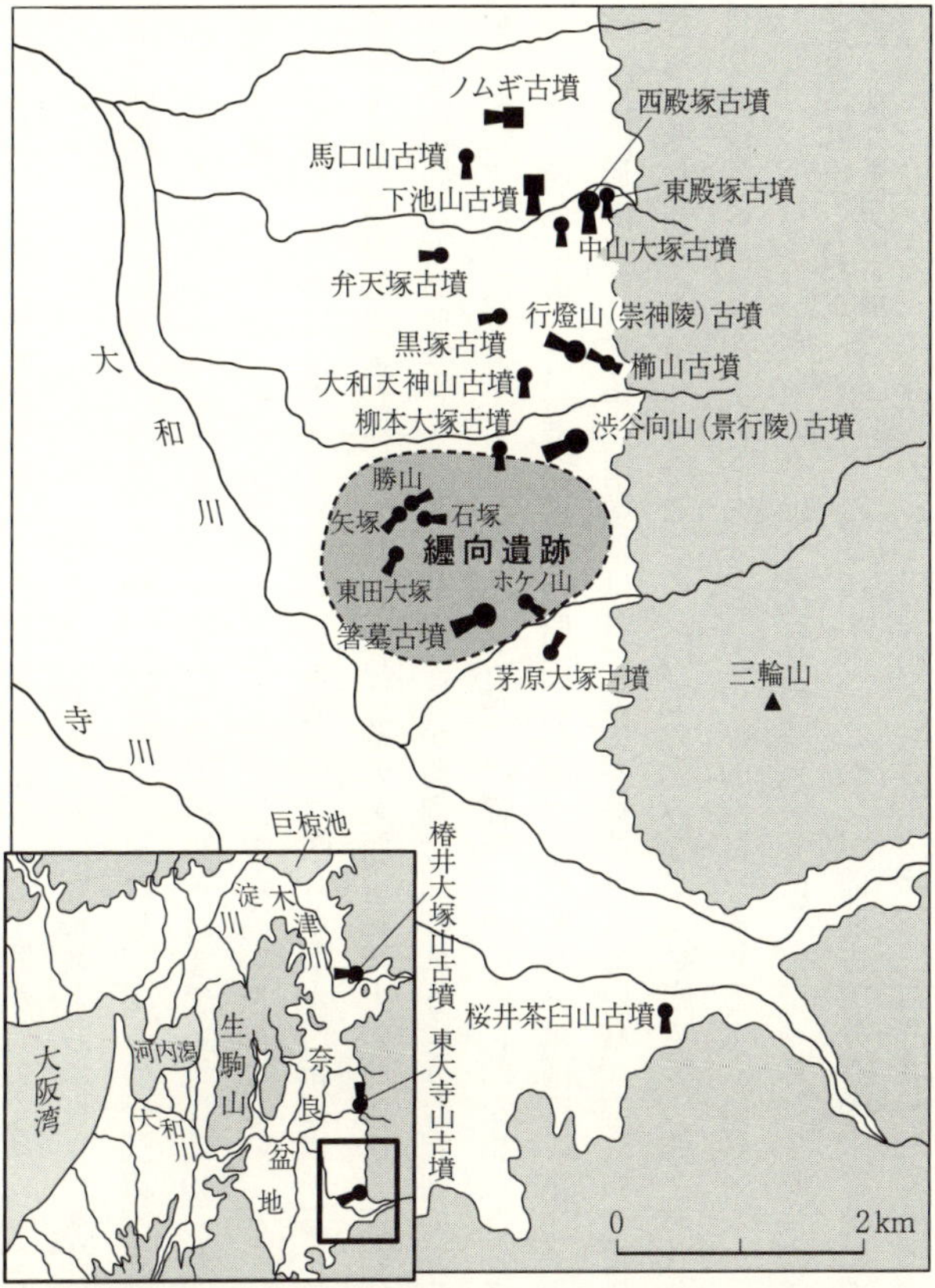

図 5-7　奈良盆地東南部の最初期古墳群．北から順に，大和古墳群，柳本古墳群，纒向古墳群と並ぶ

部九州系など広範な地域から搬入されたり、模倣された土器が著しく多く、これら外来系土器が全体の三〇パーセント近くを占める。弥生後期末に外来系土器が目立つ遺跡は、北部九州の三雲遺跡群、西新町《にしじんまち》遺跡、博多遺跡群、比恵・那珂遺跡群、山陰の松江市南講武草田《くさた》遺跡群、中部瀬戸内の岡山県津寺《つでら》遺跡から南関東の千葉県打越《うちこし》遺跡まで各地に認められ、広域にわたる交流が活発になったことを示すが、これほどその比率が高い遺跡はない。

二〇〇八・〇九年には、南北一九・二×東西一二・四メートル、床面積二三八平方メートルと復原できる大型総柱建物が検出され、さらにその東西中軸線上の西側に三棟の建物が並ぶ。このうち建物群の大型建物とその西隣りの二棟が柵列で囲まれるような配列であることや、遺跡の中央やや北寄りに位置することから、これらは纒向集落の中核的な施設群と考えられる。また、さきに述べたように、纒向遺跡の西部に石塚はじめ四基、東南部にホケノ山といった纒向型前方後円墳、そして中央南端には箸墓古墳が築造されている。これらの遺構群や遺物、墳墓群は、それぞれを関連し合うことのないものとみなさないかぎり、弥生時代後期末から古墳時代初頭段階における倭人社会のまさしく中枢的位置を占めることは疑いない。

三角縁神獣鏡・大和古墳群・桜井茶臼山古墳

本書では、考古学の時代区分にしたがって弥生時代の終わりで記述を閉じることにする。しかし、前期古墳分布の中核地である箸墓古墳をはじめとする大和《おおやまと》古墳群・桜井茶臼山古墳と三角縁神獣鏡の問題について、また本シリーズ第二巻のヤマト王権の成立と、本書で考える時代区分のズレの問題にも、簡単に触れておかねばならない。

箸墓古墳は、『日本書紀』崇神《すじん》紀一〇年条に、崇神天皇の叔母である倭迹迹日百襲媛《やまとととひももそひめ》の墓という説話があることから、宮内庁の管理下にあり不明な点が多い。しかし、墳丘測量図や、自然災害時等に採集された土器や埴輪類の検討から、最初期の定型的前方後円墳であることは、ほぼ共通認識となっている。そして、近畿から九州までの各地の最初期前方後円墳と墳丘規格を共有するとともに、最大規模を誇ることから、その中心的位置を占めることは、さきに述べた。ところが、小林行雄による三角縁神獣鏡の同笵鏡分有関係からみると、箸墓古墳ではなく京都府南部の木津川市椿井大塚山古墳が中心となるとみられてきた(小林行雄『古墳時代の研究』)。そして奈良盆地には三角縁神獣鏡は稀薄で、とくに中枢であるはずの大和古墳群にはなく、八種二三面の銅鏡を出土した天神山古墳においても三角縁神獣鏡が一面もないことが、じつに不思議に思われてきた。しかし、一九九八年に調査された、全長一三〇メートルの前方後円墳である黒塚古墳から三三面の三角縁神獣鏡、さらに箸墓古墳の三キロメートルあまり南に位置する全長二〇〇メートルの前方後円墳・桜井茶臼山古墳の二〇〇九年の再調査で二六面の三角縁神獣鏡が確認された。大和古墳群の多くは主体部が未調査であることも考え合わせると、三角縁神獣鏡は南山城地域よりもやはり奈良盆地東南部に分布が集中することが明らかとなった。

しかしことはそれほど単純ではなく、従来は舶載三角縁神獣鏡を、卑弥呼が魏から入手した「銅鏡百枚」と一連の鏡とみなし、当時もっとも重要視された銅鏡と理解してきた見方を、軌道修正しなければならなくなった。滋賀県雪野山《ゆきのやま》古墳では、木棺仕切り板の内側で被葬者の頭部に添えられたのは倣製内行花文鏡で、三面の三角縁神獣鏡は仕切り板の外側と足の下方に置かれていた。黒塚古墳では、被葬者の頭部に置かれた唯一の銅鏡は画文帯神獣鏡で、三三面の三角縁神獣鏡は棺外の石槨に立てかけられていた。桜井茶臼山古墳では、銅鏡の副葬位置は不明だが、三角縁神獣鏡以外の銅鏡が内行花文鏡一九面を含めて五五面以上にもおよぶことがわかっている。また、三角縁神獣鏡については、レーザー計測による三次元データを用いて同笵・同型鏡の比較研究が進んだ結果、当時その総数は数千枚におよぶと推定されるようになったのも、三角縁神獣鏡の理解に大きく変更を迫る成果である(奈良県立橿原考古学研究所『三次元デジタル・アーカイブを活用した古鏡の総合的研究』)。

しかし、三角縁神獣鏡の同笵関係を『魏志倭人伝』の「銅鏡百枚」と関連付けて理解することは修正を要するとしても、また三角縁神獣鏡以外の舶載鏡や倣製鏡がより優位の扱いを受けているとしても、前期古墳の銅鏡が大和古墳群から桜井茶臼山古墳までの奈良盆地東南部に集中する状況は変わらない。

以上みてきたような考古学的な諸事実から、少なくとも西日本一帯の有力首長と連携したヤマト王権の成立は、纒向遺跡の存続期間内のうちの箸墓古墳形成期とみるのが妥当と考えられる。都出比呂志が、律令制国家に先立って初期国家段階を設け、

ヤマト王権の形成

箸墓古墳など定型的前方後円墳の成立をすなわち前方後円墳体制の出現とみなし（都出比呂志、前掲）、白石太一郎も定型的前方後円墳をもって畿内ヤマトを盟主とする広域の政治連合の成立とみることと（白石太一郎「日本古墳文化論」）、基本的には歩調を同じくするものである。

一方、吉村武彦は、記紀の記載による「初代の天皇」を崇神とし、崇神陵とされる大和古墳群の行燈山《あんどんやま》古墳の段階をもってヤマト王権の成立とみる（吉村武彦「大和王権の成立」）。行燈山古墳は、箸墓古墳よりも下る前期古墳でも後半近い時期とされることから、定型的前方後円墳の成立とヤマト王権の成立とは一致しないとみなす。また、墓である古墳からではなく、王権の政治センターから時代の転換を議論する必要も説く。しかし、考古学的な方法によるかぎり、弥生時代から古墳時代への推移のなかで、定型的前方後円墳の成立期こそがもっとも明確な転換期と認識できるのであって、今後、行燈山古墳の段階を転換期とする理解が生まれるとはとうてい考えられない。

読者の方々に理解していただくのはあるいは困難かもしれないが、筆者は、文献史料の検討を主とする歴史学と、遺跡・遺構・遺物の検討にもとづく考古学が、現時点で同一の解釈にあ

るよりも、異なる見解をもちながら議論をたたかわすことがむしろ今後を発展に導くと考えている。弥生時代開始年代論も同様で、伝統的な考古学的年代観と新しい理化学的な年代観は、それぞれ異なる方法論と体系をもっている。互いの方法や体系、あるいは資料解釈をつねに見直す意味でも、それが必須である。

おわりに——「弥生時代」を問い直す

本書では、日本列島における旧石器時代の人類文化が実在することを証明した岩宿遺跡の発見と調査から説き起こし、定型的前方後円墳の出現から読み取れるヤマト王権の成立期までを述べた。筆者の力量不足のために十分に語り尽くせたとは言えないが、縄文時代から弥生時代への推移の様子がようやく解明に向かいつつあり、かつてのように縄文文化と弥生文化の担い手は生物学的にまったく異なる人間集団だとは言いがたいこと、弥生時代前期から東日本と西日本では集落景観や生業、土器など多くの面で著しい違いがあること、中期中頃や後期後半などいく度かきわめて広域にわたる社会変動が起きていること、それぞれの地域も弥生前期・中期・後期と刻々と変貌していくこと、などをご理解いただけたのではないかと思う。

しかし、こうして日本列島各地の様子を横断的に見渡したとき、はたして「弥生時代」という時代概念は有効なのか、という思いを強くする。おそらく「弥生時代」を考えるとき、考古学者を含む多くの人びとは、弥生時代中期から後期にかけての西日本の状況を念頭においている。しかし、弥生時代早期や前期初頭の西日本各地の様子は、集落の規模、金属器の有無、稲作の比重の軽重などにおいて、中期以後と相当に異なる。また、西日本の弥生中期と比べると、東日本でも中部・関東では中期前半はまったく様子が異なるが、中頃以後急速に連動性を高めていく。しかし東北地方は、弥生時代を通して西日本とは社会状況が異なる。このように、ある地域をみると刻々と社会変化をとげ、広範囲を見渡すと、地域ごとの特色に顕著な違いがある。これを「弥生文化」とひとくくりにできるのであろうか、という戸惑いである。

本書では、各地の縄文時代の文化の伝統を継承し、かつ灌漑稲作を受容していることを基準として、つまり著しく緩やかに弥生文化を考えてみた。筆者は、大学院生時代に北部九州に出かけた際に、「関東で弥生なんか研究して何の意味があるのか?」と問われたことがある。それ以来、関東で、東日本で弥生時代を学ぶ意味は何かを考え、その答えを知りたくて、不十分ながらも日本列島全域の資料を同じ基準で観察・評価しようと試行錯誤してきた。その結果、「弥生文化」という枠組み、「弥生時代」という時代概念は有効か、という問題に、現在行き当たっている。

しかし、「弥生時代」「弥生文化」を単純に現在の定義から解き放ったとしても、考古学的な時代変遷全体を再構築する明確な見通しは今のところもち得ない。考古学的な時代区分である旧石器時代・縄文時代・古墳時代の三時代と比べて、地域ごとの文化的差異が大きく、どこでも刻々と社会変遷をとげるところに弥生時代の際立った特徴があることには気づいている。これを率直に言い表わすには、縄文時代文化という森林性新石器時代文化から、古代史の世界ではヤマト王権の時代ともいう古墳時代の政治的社会の時代文化への、変化の過程として弥生時代文化を理解するのがもっとも穏当であろうか。

なんとも弥生時代文化の理解は一筋縄ではいかない。一書を書き終えての率直な感想である。しかしその複雑さこそ、当時、各地で生きた人びとの姿だったのではないだろうか。読者のみなさんに、その思いの一端を共有していただけたとしたら、まことに幸いである。

二〇一〇年九月

石川日出志

岩波新書新赤版一〇〇〇点に際して

ひとつの時代が終わったと言われて久しい。だが、その先にいかなる時代を展望するのか、私たちはその輪郭すら描きえていない。二〇世紀から持ち越した課題の多くは、未だ解決の緒を見つけることのできないままであり、二一世紀が新たに招きよせた問題も少なくない。グローバル資本主義の浸透、憎悪の連鎖、暴力の応酬――世界は混沌として深い不安の只中にある。

現代社会においては変化が常態となり、速さと新しさに絶対的な価値が与えられた。消費社会の深化と情報技術の革命は、種々の境界を無くし、人々の生活やコミュニケーションの様式を根底から変容させてきた。ライフスタイルは多様化し、一面では個人の生き方をそれぞれが選びとる時代が始まっている。同時に、新たな格差が生まれ、様々な次元での亀裂や分断が深まっている。社会や歴史に対する意識が揺らぎ、普遍的な理念に対する根本的な懐疑や、現実を変えることへの無力感がひそかに根を張りつつある。そして生きることに誰もが困難を覚える時代が到来している。

しかし、日常生活のそれぞれの場で、自由と民主主義を獲得し実践することを通じて、私たち自身がそうした閉塞を乗り超え、希望の時代の幕開けを告げてゆくことは不可能ではあるまい。そのために、いま求められていること――それは、個と個の間で開かれた対話を積み重ねながら、人間らしく生きることの条件について一人ひとりが粘り強く思考することではないか。その営みの糧となるものが、教養に外ならないと私たちは考える。歴史とは何か、よく生きるとはいかなることか、世界そして人間はどこへ向かうべきなのか――こうした根源的な問いとの格闘が、文化と知の厚みを作り出し、個人と社会を支える基盤としての教養となった。まさにそのような教養への道案内こそ、岩波新書が創刊以来、追求してきたことである。

岩波新書は、日中戦争下の一九三八年一一月に赤版として創刊された。創刊の辞は、道義の精神に則らない日本の行動を憂慮し、批判的精神と良心的行動の欠如を戒めつつ、現代人の現代的教養を刊行の目的とする、と謳っている。以後、青版、黄版、新赤版と装いを改めながら、合計二五〇〇点余りを世に問うてきた。そして、いままた新赤版が一〇〇〇点を迎えたのを機に、人間の理性と良心への信頼を再確認し、それに裏打ちされた文化を培っていく決意を込めて、新しい装丁のもとに再出発したいと思う。一冊一冊から吹き出す新風が一人でも多くの読者の許に届くこと、そして希望ある時代への想像力を豊かにかき立てることを切に願う。

（二〇〇六年四月）

石川日出志

1954年新潟県に生まれる
1983年明治大学大学院文学研究科博士課程中退
現在—明治大学文学部教授
専攻—考古学
著書—『「弥生時代」の発見』(新泉社)
『弥生人とまつり』(共著，六興出版)
『考古資料大観1 弥生・古墳時代 土器1』
(共著，小学館)
『弥生時代の考古学 7』(共著，同成社) ほか

農耕社会の成立
シリーズ 日本古代史①　　岩波新書(新赤版)1271

2010年10月20日　第1刷発行
2024年12月5日　第17刷発行

著者　石川日出志《いしかわひでし》

発行者　坂本政謙

発行所　株式会社 岩波書店
〒101-8002 東京都千代田区一ツ橋 2-5-5
案内 03-5210-4000　営業部 03-5210-4111
https://www.iwanami.co.jp/

新書編集部 03-5210-4054
https://www.iwanami.co.jp/sin/

印刷・理想社　カバー・半七印刷　製本・中永製本

ISBN 978-4-00-431271-0　　Printed in Japan

遺跡名索引

あ 行

青田遺跡(新潟県新発田市)　32
青谷上寺地遺跡(鳥取県鳥取市)　73, 188, 192
赤井手遺跡(福岡県春日市)　179
赤山陣屋跡遺跡(埼玉県川口市)　32
朝日遺跡(愛知県名古屋市・清須市)　112, 120, 121
朝日貝塚(富山県氷見市)　38
阿高貝塚(熊本県熊本市)　40
跡部遺跡(大阪府八尾市)　117
アバクチ洞窟(岩手県花巻市)　86
安満遺跡(大阪府高槻市)　181, 182
荒谷遺跡(青森県八戸市)　128
荒屋遺跡(新潟県長岡市)　22
有田遺跡(福岡県福岡市)　92
安徳原田遺跡(福岡県那珂川町)　180
行燈山古墳(奈良県天理市)　211
池浦遺跡(大阪府泉大津市)　110
池上曽根遺跡(大阪府和泉市・泉大津市)　72, 73, 110, 118, 134, 181
池島・福万寺遺跡(大阪府東大阪市・八尾市)　64
石井入口遺跡(大分県竹田市)　162
石行遺跡(長野県飯田市)　107, 120
石塚山古墳(福岡県苅田町)　78, 195
板付遺跡(福岡県福岡市)　i, iv, 55, 56, 61–63, 74, 88, 90, 92, 99, 178
板付田端遺跡(福岡県福岡市)　99
稲荷台遺跡(東京都板橋区)　5
岩宿遺跡(群馬県みどり市)　2, 4–8, 10, 13, 18, 213
井原鑓溝遺跡(福岡県糸島市)　107, 170–173, 175, 179
上山遺跡(新潟県村上市)　40
宇木汲田貝塚(佐賀県唐津市)　72
宇堅貝塚(沖縄県うるま市)　153
後野遺跡(茨城県ひたちなか市)　26
有珠モシリ遺跡(北海道伊達市)　142, 143, 145
有珠 6 遺跡(北海道伊達市)　143
打越遺跡(千葉県富津市)　208
大当原貝塚(沖縄県読谷村)　151
浦志遺跡(福岡県糸島市)　173
浦間茶臼山古墳(岡山県岡山市)　195
瓜生堂遺跡(大阪府東大阪市)　181, 193
潤地頭給遺跡(福岡県糸島市)　173, 178
江辻遺跡(福岡県粕屋町)　91, 92
生石 2 遺跡(山形県酒田市)　129
漁隠洞遺跡(韓国)　162
大川遺跡(北海道余市町)　145
大境洞窟(富山県氷見市)　73
大平山元 I 遺跡(青森県外ヶ浜町)　26
大谷遺跡(福岡県春日市)　179
大塚・歳勝土遺跡(神奈川県横浜市)　i, 125
大風呂南遺跡(京都府与謝野町)　190–192, 197
大和古墳群(奈良県天理市)　208–210
岡本ノ辻遺跡(福岡県春日市)

180
折本西原遺跡(神奈川県横浜市) 124

か 行

鶏冠井遺跡(京都府向日市) 112
栫ノ原遺跡(鹿児島県南さつま市) 27
風張(1)遺跡(青森県八戸市) 42
嘉門貝塚(沖縄県浦添市) 152
加曽利貝塚(千葉県千葉市) 30
堅田遺跡(和歌山県御坊市) 112
加戸下屋敷遺跡(福井県坂井市) 112
金谷遺跡(京都府京丹後市) 190
金取遺跡(岩手県遠野市) 13
椛島山遺跡(佐賀県武雄市) 199
加美遺跡(大阪府大阪市) 119, 193
上高津遺跡/貝塚(茨城県土浦市) 31, 39
「上高森遺跡」(宮城県栗原市) 10, 11
上林遺跡(栃木県佐野市) 19
亀井遺跡(大阪府八尾市) 72, 171
加茂遺跡(兵庫県川西市) 112
加茂岩倉遺跡(島根県雲南市) 117, 183-185
粥見井尻遺跡(三重県松阪市) 29
唐古鍵遺跡(奈良県田原本町) i, 55, 109, 112, 119, 206
神庭荒神谷遺跡(島根県斐川町) 117, 183-185
菊間遺跡(千葉県市原市) 66
菊間手永遺跡(千葉県市原市) 66
鬼虎川遺跡(大阪府東大阪市) 72
旧豊平河畔遺跡(北海道江別市) 144
亀山洞遺跡(韓国) 101, 160
具志原貝塚(沖縄県伊江村) 152
葛川遺跡(福岡県苅田町) 92
口酒井遺跡(兵庫県伊丹市) 107
雲山鳥打2号墳丘墓(岡山県岡山市) 196
栗林遺跡(長野県中野市) 32
黒田遺跡(福岡県春日市) 179
黒塚古墳(奈良県天理市) 209, 210
黒宮大塚墳丘墓(岡山県倉敷市) 196
K135遺跡(北海道札幌市) 147
検見谷遺跡(佐賀県みやき町) 184
国府遺跡(大阪府藤井寺市) 5
神門5・4号墳(千葉県市原市) 199
古座間味貝塚(沖縄県座間味村) 151
小篠原遺跡(滋賀県野洲市) 116
古曽部遺跡(大阪府高槻市) 182
御殿前遺跡(東京都北区) 53
検丹里遺跡(韓国) 92, 98
是川中居遺跡(青森県八戸市) 128
権田原遺跡(神奈川県横浜市) 124

さ 行

境A遺跡(富山県朝日町) 38
栄浦第二遺跡(北海道北見市) 144
坂元A遺跡(宮崎県都城市) 62, 63, 88
桜井茶臼山古墳(奈良県桜井市) 206, 208-210
桜ヶ丘神岡遺跡(兵庫県神戸市) 116
桜馬場遺跡(佐賀県唐津市) 170-172, 191, 192
雀居遺跡(福岡県福岡市) 178
座散乱木遺跡(宮城県大崎市) 10-12

里浜遺跡(貝塚)(宮城県東松島市) 39
讃良郡条里遺跡(大阪府寝屋川市) 107, 109
三内丸山遺跡(青森県青森市) i, 32, 37
山王囲遺跡(宮城県栗原市) 40
志紀遺跡(大阪府八尾市) 64
地蔵田B遺跡(秋田県秋田市) 130, 131
石寨山第6号墓(中国) 168
芝谷遺跡(大阪府高槻市) 182
下原・富士見町遺跡(東京都三鷹市・調布市) 19
下触牛伏遺跡(群馬県伊勢崎市) 19
周口店遺跡(中国) 15
小路遺跡(山口県山口市) 109
城ノ越貝塚(福岡県遠賀町) 72
新町遺跡(福岡県糸島市) 86, 90
興隆窪遺跡(中国) 91
須玖遺跡群(福岡県春日市) 95, 178-181
須玖永田遺跡(福岡県春日市) 179
須玖岡本遺跡D地点(福岡県春日市) 102, 104-106, 179, 193
須玖尾花町遺跡(福岡県春日市) 179
須玖五反田遺跡(福岡県春日市) 179
須玖坂本遺跡(福岡県春日市) 179
須玖唐梨遺跡(福岡県春日市) 179
鈴木遺跡(東京都小平市) 13, 16
砂川遺跡(埼玉県所沢市) 9
砂沢遺跡(青森県弘前市) 129
瀬棚南川遺跡(北海道せたな町) 142-144
掃除山遺跡(鹿児島県鹿児島市) 27
早水台遺跡(大分県日出町) 10
曽谷貝塚(千葉県市川市) 31
松菊里遺跡(韓国) 98

た 行

大開遺跡(兵庫県神戸市) 109
大福遺跡(奈良県桜井市) 117
高田B遺跡(宮城県仙台市) 130
高塚遺跡(岡山県岡山市) 117, 171
高橋貝塚(鹿児島県南さつま市) 152
田熊石畑遺跡(福岡県宗像市) 98
田久松ヶ浦遺跡(福岡県宗像市) 98
竹佐中原遺跡(長野県飯田市) 12, 13
大嘴子遺跡(中国) 61
立切遺跡(鹿児島県中種子町) 22
立岩遺跡(福岡県飯塚市) 152
楯築遺跡/墳丘墓(岡山県倉敷市) 78, 187, 194-198, 200
立屋敷遺跡(福岡県水巻町) 109
田能遺跡(兵庫県尼崎市) 113, 119
茶戸里遺跡(韓国) 161
田村遺跡(高知県南国市) 109
垂柳遺跡(青森県田舎館村) 129
智塔里遺跡(北朝鮮) 49
長者ヶ原遺跡(新潟県糸魚川市) 38
月見野遺跡群(神奈川県大和市) 9
津島遺跡(岡山県岡山市) 109
津寺遺跡(岡山県岡山市) 208
椿井大塚山古墳(京都府木津川市) 78, 195, 209
大坪里遺跡(韓国) 49, 157
手宮洞窟(北海道小樽市) 147

寺尾遺跡(神奈川県綾瀬市)　26
寺地遺跡(新潟県糸魚川市)　38
天神山古墳(奈良県天理市)　201, 209
土井ヶ浜遺跡(山口県下関市)　85
東大寺山古墳(奈良県天理市)　203
徳川里遺跡(韓国)　98, 157
常代遺跡(千葉県君津市)　65, 123
富沢遺跡群(宮城県仙台市)　130, 133
鳥浜遺跡(福井県若狭町)　31
登呂遺跡(静岡県静岡市)　i, 55, 65, 69, 71
東三洞貝塚(韓国)　40
東西里遺跡(韓国)　100, 158

な 行

那珂遺跡(福岡県福岡市)　75, 91, 95
中川原遺跡(沖縄県読谷村)　153
中在家南遺跡(宮城県仙台市)　130
中里遺跡(神奈川県小田原市)　122, 123
中野桜野遺跡(神奈川県海老名市)　123
中屋敷遺跡(神奈川県大井町)　121, 122
中山貝塚(広島県広島市)　72
夏島貝塚(神奈川県横須賀市)　7, 29
二月田遺跡(宮城県七ヶ浜町)　39
西方遺跡(福岡県春日市)　180
西桂見遺跡(鳥取県鳥取市)　187
西ヶ原遺跡群(東京都北区)　53
西志賀貝塚(愛知県名古屋市)　72
西新町遺跡(福岡県福岡市)　208
西田遺跡(岩手県紫波町)　36, 37
西谷3号墓(島根県出雲市)　187, 197, 198
西之城貝塚(千葉県神崎町)　29
西之台遺跡B地点(東京都小金井市)　8, 13, 15, 16, 19
勒島貝塚(韓国)　87, 101, 160
根獅子遺跡(長崎県平戸市)　85
萊城遺跡(韓国)　160
根塚遺跡(長野県木島平村)　190
野川遺跡(東京都調布市・三鷹市)　8
野川流域遺跡群(東京都調布市・三鷹市・小金井市)　8, 18, 19
乃木山遺跡(福井県福井市)　175
野尻湖遺跡群(長野県信濃町)　16
野多目遺跡(福岡県福岡市)　61-63

は 行

袴狭遺跡(兵庫県豊岡市)　192
博多遺跡群(福岡県福岡市)　181, 208
八十垱遺跡(中国)　59, 91
箸墓古墳(奈良県桜井市)　78, 187, 195, 198, 199, 206, 208, 209, 211
八王子遺跡(愛知県一宮市)　117
八ノ坪遺跡(熊本県熊本市)　100
花泉遺跡(岩手県一関市)　16
花輪台貝塚(茨城県利根町)　29
土生遺跡(佐賀県小城市)　100, 101
合松里遺跡(韓国)　159
浜北・化石人骨(静岡県浜松市, 旧浜北市)　14
林・坊城遺跡(香川県高松市)　107
原の辻遺跡(長崎県壱岐市)　95, 153
バンジャク遺跡(福岡県春日市)　180
番匠地遺跡(福島県いわき市)　65
比恵・那珂遺跡群(福岡県福岡市)　95, 178-181, 208

東小田峰遺跡(福岡県筑前町)　98
東黒土田遺跡(鹿児島県志布志市)
27
飛山洞遺跡(韓国)　162
日高遺跡(群馬県高崎市)　64
日向林Ｂ遺跡(長野県信濃町)
19
百間川原尾島遺跡(岡山県岡山市)
67
平原遺跡(福岡県糸島市)　173,
175, 179
広野北遺跡(静岡県磐田市)　22
隍城洞遺跡(韓国)　162
フゴッペ洞窟(北海道余市町)
147
藤枝溜池地点(青森県五所川原市,
旧金木町)　9
藤平Ｂ遺跡(新潟県三条市)　42
二塚山遺跡(佐賀県吉野ヶ里町・上
峰町)　162
法堂遺跡(茨城県美浦村)　39
ホケノ山(古墳)(奈良県桜井市)
198, 200, 203, 208
星野遺跡(栃木県栃木市)　10
保地遺跡(長野県坂城町)　45
河姆渡遺跡(中国)　59
本庄町遺跡(兵庫県神戸市)　67

ま 行

前田耕地遺跡(東京都あきる野市)
28
纏向遺跡(奈良県桜井市)　198,
206, 208, 211
纏向石塚(古墳)(奈良県桜井市)
79, 198, 208
間口洞穴(神奈川県三浦市)　73
松原遺跡(長野県長野市)　126
三雲遺跡群(福岡県糸島市)　95,
177, 180, 208
三雲・井原遺跡(福岡県糸島市)
172, 177
三雲南小路遺跡(福岡県糸島市)
102, 105-107, 170, 172, 173, 175,
179, 193
三坂神社３号墓(京都府京丹後市)
190
三津永田遺跡(佐賀県吉野ヶ里町)
170, 171
港川洞穴(沖縄県八重瀬町)　14
南講武草田遺跡群(島根県松江市)
208
南諏訪原遺跡(福島県福島市)　42
南堀遺跡(神奈川県横浜市)　37
南溝手遺跡(岡山県総社市)　57,
107
宮内第一遺跡(鳥取県湯梨浜町)
175
宮ノ前遺跡(山形県村山市)　40
宮山遺跡(岡山県総社市)　186,
194
名東遺跡(徳島県徳島市)　117
妻木晩田遺跡(鳥取県大山町)
188, 189
向ヶ岡貝塚(東京都文京区)　120
元江別１遺跡(北海道江別市)
145
元岡・桑原遺跡群(福岡県福岡市)
178
木綿原遺跡(沖縄県読谷村)　154
諸岡遺跡(福岡県福岡市)　100,
151, 160

や 行

柳沢遺跡(長野県中野市)　126
山賀遺跡(大阪府八尾市)　72
山下町洞穴(沖縄県那覇市)　14
雪野山古墳(滋賀県近江八幡市・東
近江市・竜王町)　210
八日市地方遺跡(石川県小松市)
125, 126
横隈鍋倉遺跡(福岡県小郡市)
100, 160

主要事項索引

さ 行

た 行

な 行

は 行

ま 行

弥生時代文化をめぐる文化動向や主な遺跡

	朝鮮半島	沖縄	本州の時期区分		九州
4万年前	前・中期旧石器時代				
3万年前 2万年前	後期旧石器時代	港川人	後期旧石器時代		大陸から人類拡散 姶良火山の噴火によ 植物質食料の獲得
1万年前	櫛目文土器時代 ＝新石器時代	（前・中期貝塚文化）	縄文時代	草創期	
		九州系縄文土器の波及		早期	
5000年前				前期	
				中期	
		本格的貝塚文化の形成		後期	朝鮮海峡を挟む交流
3000年前	無文土器時代＝青銅器時代	畠作の本格化（大坪里）		晩期	西日本
2500年前		灌漑水田の普及（玉峴） 青銅器厚葬墓（松菊里） 青銅器集中墓（東西里）	弥生時代	早期	灌漑水田・環濠集落・大陸系墓制の出現，磨製石剣・磨製石鏃流入（江辻・板付・田久松ヶ浦）
		南海産貝輪の九州搬出開始		前期	遠賀川系土器の広域分布 朝鮮半島系無文土器の移入

各地の弥生文化は，各地の縄文晩期からの伝統を引き継ぐ．
↔横両矢印は日本列島内における広域にわたる文化的連動．

中・四国	近　畿	中部・関東	東　北	北海道

（人類活動の確実な証拠なし）

ナイフ形石器・台形石器の普及
る AT 火山灰の広域降灰
磨製石斧・環状ブロック
ナイフ形石器の普及
槍先形尖頭器の普及
細石器石器群の登場
細石器文化の広域分布

温暖化が急速に進行，環境適応として土器と石鏃が出現

内湾域での漁撈の本格化，貝塚の形成（西之城貝塚・夏島貝塚）

海進ピーク，環状集落の出現

環状集落の濃密分布
環濠をもつムラ（静川 16）
多副葬品埋葬（カリンバ）

植物質食料の多角化

広域土器型式分布　通過儀礼の徹底　環状集落の激減

→稲作情報の伝達→稲作の不採用

集落規模縮小
柵囲い集落（南諏訪原）
寒冷地適応住居（栄浦第二）

灌漑水田・環濠集落の登場
（田村・津島）
（大開・讃良郡条里）
集落規模の拡大（池上曽根・唐古鍵）
円形周溝墓の出現
稲作は限定的（中屋敷）
灌漑稲作の採用（砂沢）

	朝鮮半島		沖　縄		本州の時期区分		九　州
2200年前	三韓時代＝初期鉄器時代	鋳造鉄器の普及（合松里）	後期貝塚時代	大陸系文物の流入	弥生時代	中期	青銅器普及・鋳造開始（板付田端・吉武高木）
		鉄生産の本格化 木棺墓に大量の鉄器副葬（茶戸里）					（吉野ヶ里墳丘墓） 首長層に前漢文物普及（三雲南小路・須玖岡本 D）
2000年前				南海産貝輪の九州搬出終息へ		後期	AD57 年：奴国が光武帝から金印賜う（志賀島） 伊都国王墓（井原鑓溝）
		木槨墓の出現（良洞里）					伊都国王墓（平原）
1800年前							後漢末 （椛島山）
1700年前	三国時代				古墳時代	前期	（石塚山古墳）
						中期	

中・四国	近　畿	中部・関東	東　北	北海道
	銅鐸の鋳造開始（鶏冠井）	本格的農耕集落登場（中里）	本格的な灌漑稲作（垂柳・高田 B）	北陸製管玉流通（元江別 1）
銅鐸祭祀の終焉（荒神谷・加茂岩倉）	銅鐸鋳造盛んに 環濠集落大型化の頂点（池上曽根）	環濠集落の普遍化（大塚・歳勝土）	北方系文化要素	東西続縄文文化の融合
	河内平野の集落立地激変（安満・芝谷）	集落数減少・規模縮小 移住集落（神崎）		岩面刻画（フゴッペ）
大型墳丘墓の出現（楯築・西谷 3 号）	銅鐸祭祀の終焉（小篠原）	大陸系鉄器普及（根塚）	南部に北陸系住居墓制（桜町）	
銅鏡の東方波及・副葬，纒向型墳墓の形成	（ホケノ山）	（高部 32 号）		続縄文文化の東北進出 鉄器普及の明確化
定型的前方後円墳の出現 （浦間茶臼山古墳）	（箸墓古墳）	（森将軍塚古墳）	（堂ケ作山古墳）	

参考文献

はじめに

山内清男「日本遠古之文化」『ドルメン』1-4〜2-2，1932〜33

第1章

戸沢充則「群馬県岩宿遺跡」『探訪 先土器の遺跡』有斐閣，1983
角田文衛『沈黙の世界史5 石と森の文化 ヨーロッパ』新潮社，1971
芹沢長介「日本の旧石器」(1)〜(10)『月刊考古学ジャーナル』1〜10，1966-68
杉原荘介『日本先土器時代の研究』講談社，1974
山内清男・佐藤達夫「縄紋土器の古さ」『科学読売』12〜13，1962
毎日新聞社旧石器遺跡取材班『発掘捏造』毎日新聞社，2001
日本考古学協会前・中期旧石器捏造問題調査特別委員会『前・中期旧石器問題の検証』2003
海部陽介・藤田祐樹「旧石器時代の日本列島人——港川人骨を再検討する」『科学』80-4，2010
鈴木公雄「日本の新石器時代」『講座日本歴史 1』東京大学出版会，1984
今村啓爾『縄文の実像を求めて』吉川弘文館，1999
今村啓爾「ヨーロッパ考古学における時代区分と縄文時代」『比較考古学の新地平』同成社，2010
米倉伸之ほか編『日本の地形1 総説』東京大学出版会，2001
山口昌美「食品化学余話」『食の科学』296，2002
阿部芳郎ほか「縄文後期における遺跡群の成り立ちと地域構造」『駿台史学』109，2000
大泰司紀之「シカ」『縄文文化の研究』2，1983
赤澤威「縄文人の生業——その生態的類型と季節的展開」『畑作文化の誕生』日本放送出版協会，1988
宇田津徹朗ほか「縄文時代のイネと稲作」『SCIENCE of HUMANITY』41，勉誠出版，2002
谷口康浩「縄文時代集落の領域」『季刊考古学』44，1993
山内清男「文様帯系統論」『日本原始美術 1』講談社，1964
辻誠一郎「自然環境」『季刊考古学』23，1988

石川日出志「再葬の儀礼」『弥生時代の考古学 7』同成社，2008
佐々木由香「縄文から弥生変動期の自然環境の変化と植物利用」『季刊東北学』19，2009

第２章

春成秀爾・今村峯雄『弥生時代の実年代』学生社，2004
蒔田鎗次郎「埴瓮と弥生式土器の区別」『東京人類学会雑誌』215，1904
鳥居龍蔵「畿内の石器時代に就て」『人類学雑誌』39-2，1917
浜田青陵(耕作)『東亜文明の黎明』刀江書院，1930
山内清男「日本遠古之文化」(前掲)
日本考古学協会『日本農耕文化の生成』東京堂出版，1961
藤尾慎一郎「縄文から弥生へ――水田耕作の開始か定着か」『日本民族・文化の生成』六興出版，1988
中沢道彦・丑野毅「レプリカ法による熊本県ワクド石遺跡出土の種子状圧痕の観察」『肥後考古』13，2005
佐藤洋一郎『DNA 考古学』東洋書店，1999
陳文華・渡部武編『中国の稲作起源』六興出版，1989
樋口隆康『日本人はどこからきたか』講談社現代新書，1971
田崎博之「福岡地方における弥生時代の土地環境の利用と開発」『福岡平野の古環境と遺跡立地』九州大学出版会，1998
日本考古学協会『登呂 本編』毎日新聞社，1954
寺沢薫・寺沢知子「弥生時代植物質食料の基礎的研究」『考古学論攷』5，奈良県立橿原考古学研究所，1981
安室知「稲作文化と漁撈(筌)――生態学的アプローチの試み」『日本民俗学』153，1984
佐原真「農業の開始と階級社会の形成」『岩波講座 日本歴史 1』岩波書店，1975
藤尾慎一郎「時代区分と弥生文化の範囲」『弥生農耕の起源と東アジア ニューズレター』3，国立歴史民俗博物館，2005
小林行雄「弥生式文化」『日本文化史大系 1』誠文堂新光社，1938
広瀬和雄『縄紋から弥生への新歴史像』角川書店，1997
田中琢「布留式以前」『考古学研究』46，1965
近藤義郎『前方後円墳の時代』岩波書店，1983

参考文献

第3章
小林行雄「弥生式文化」(前掲)
山内清男「日本遠古之文化」(前掲)
佐原真「農業の開始と階級社会の形成」(前掲)
金関丈夫「人種の問題」『日本考古学講座 4』河出書房, 1955
埴原和郎『日本人の成り立ち』人文書院, 1995
金関恕・大阪府立弥生文化博物館編『弥生文化の成立』角川書店, 1995
中橋孝博・飯塚勝「北部九州の縄文〜弥生移行期に関する人類学的考察」『人類学雑誌』106-1, 1998
佐原真『大系日本の歴史 1』小学館, 1987
松村博文「渡来系弥生人の拡散と続縄文時代人」『国立歴史民俗博物館研究報告』107, 2003
釜山大学校博物館『勒島貝塚と墳墓群』釜山大学校, 2004
村上恭通『倭人と鉄の考古学』青木書店, 1998
柳田康雄『九州弥生文化の研究』学生社, 2002
岡村秀典『三角縁神獣鏡の時代』歴史文化ライブラリー 66, 吉川弘文館, 1999
町田章「三雲遺跡の金銅四葉座金具について」『古文化談叢』20, 1988
春成秀爾「角のない鹿——弥生時代の農耕儀礼」『日本における初期弥生文化の成立』横山浩一先生退官記念論文集Ⅱ, 1991
安藤広道「人口論的視点による集落群研究の可能性」『弥生文化博物館研究報告』4, 1995
長野県埋蔵文化財センター『速報写真グラフ 北信濃 柳沢遺跡の銅戈・銅鐸』信濃毎日新聞社, 2008
高瀬克範『本州島東北部の弥生社会誌』六一書房, 2004

第4章
安里進『考古学からみた琉球史 上』ひるぎ社, 1990
山内清男「日本遠古之文化」(前掲)
高瀬克範「恵山文化における魚形石器の機能・用途」『物質文化』60, 1996
南川雅男「先史人は何を食べていたか」『考古学と化学をむすぶ』東京大学出版会, 2000
小川勝編『フゴッペ洞窟・岩面刻画の総合的研究』中央公論美術出版,

2003
安里進「琉球王国形成の新展望」『中世の系譜』高志書院，2004
米田穣「食生態にみる縄文文化の多様性――北海道と琉球諸島から考える」『科学』80-4，2010
木下尚子『南島貝文化の研究』法政大学出版局，1996
木下尚子「正倉院と夜光貝」『文学部論叢』78，熊本大学，2003
武末純一「弥生文化と朝鮮半島の初期農耕文化」『古代を考える　稲・金属・戦争』吉川弘文館，2002
李健茂「茶戸里遺跡の筆について」『考古学誌』4，1992

第５章

石原道博編訳『新訂魏志倭人伝　他三篇』岩波文庫，1985(旧版 1951)
三浦佑之『金印偽造事件』幻冬舎新書，2006
岡崎敬「「漢委奴國王」金印の測定」『史淵』100，1968
青柳種信『柳園古器畧考』復刻版＝文献出版，1976
梅原末治「筑前国井原発見鏡片の復元」『史林』16-3，1931
岡村秀典『三角縁神獣鏡の時代』(前掲)
唐津市教育委員会『桜馬場遺跡』2008
角浩行「三雲・井原弥生集落の成立と変遷」『伊都国歴史博物館紀要』創刊号，2006
原田大六著・平原弥生古墳調査報告書編集委員会編『平原弥生古墳――大日孁貴の墓』葦書房，1991
前原市教育委員会『平原遺跡』2000
柳田康雄『九州弥生文化の研究』(前掲)
清水康二「「平原弥生古墳」出土大型内行花文鏡の再評価」『大塚初重先生頌寿記念考古学論集』東京堂出版，2000
久住猛雄「福岡平野　比恵・那珂遺跡群」『弥生時代の考古学 8』同成社，2008
春日市教育委員会『奴国の首都　須玖岡本遺跡』吉川弘文館，1994
松本岩雄・足立克己『出雲神庭荒神谷遺跡』島根県教育委員会，1996
吾郷和宏ほか『加茂岩倉遺跡』島根県教育委員会，2002
小林行雄『国民の歴史１　女王国の出現』文英堂，1967
近藤義郎『楯築遺跡』山陽新聞社，1980
木島平村教育委員会『根塚遺跡――墳丘墓とその出土品を中心にして』2002
豊島直博「弥生時代の鹿角製鉄剣」『東国史論』18，2003

参考文献

近藤義郎『前方後円墳の時代』(前掲)
都出比呂志「日本古代の国家形成過程論序説——前方後円墳体制の提唱」『日本史研究』343, 1991
奈良県立橿原考古学研究所『大和の前期古墳 ホケノ山古墳調査概報』学生社, 2001
寺沢薫「纒向型前方後円墳の築造」『考古学と技術』同志社大学考古学シリーズⅣ, 1988
金関恕「卑弥呼と帯方郡」『弥生人の見た楽浪文化』大阪府立弥生文化博物館図録 7, 1993
藤間生大『埋もれた金印』岩波新書, 1950
寺沢薫『日本の歴史 02 王権誕生』講談社, 2000
小林行雄『古墳時代の研究』青木書店, 1961
奈良県立橿原考古学研究所『三次元デジタル・アーカイブを活用した古鏡の総合的研究』奈良県立橿原考古学研究所, 2005
白石太一郎「日本古墳文化論」『講座日本歴史 1』東京大学出版会, 1984
吉村武彦「大和王権の成立」『必携古代史ハンドブック』新人物往来社, 1998

図版出典一覧

図 1-1：著者作成
図 1-2：著者作成
図 1-3：所蔵・写真提供＝明治大学博物館
図 1-4：米倉伸之ほか編『日本の地形 1 総説』東京大学出版会，2001
図 1-5：写真提供＝左・河野礼子，右(2 枚)・海部陽介(海部陽介・藤田祐樹「旧石器時代の日本列島人――港川人骨を再検討する」『科学』80-4，2010)
図 1-6：岩崎泰一『下触牛伏遺跡』群馬県埋蔵文化財調査事業団，1986
図 1-7：日本第四紀学会編『日本第四紀地図』東京大学出版会，1987
図 1-8：所蔵・写真提供＝財団法人横浜市ふるさと歴史財団埋蔵文化財センター
図 1-9：池谷信之『葛原沢第Ⅳ遺跡発掘調査報告書』沼津市教育委員会，2001
図 1-10：小池裕子「貝類分析」『縄文文化の研究 2』，1983
図 1-11：写真提供＝川口市教育委員会(金箱文夫「埼玉県赤山陣屋跡遺跡――トチの実加工場の語る生業形態」『季刊考古学』55，1996)
図 1-12：写真提供＝山梨県立博物館(中山誠二ほか「山梨県酒呑場遺跡の縄文時代中期の栽培ダイズ」『研究紀要』24，山梨県立博物館，2008)
図 1-13：佐々木勝『東北新幹線関係埋蔵文化財調査報告書Ⅶ』岩手県教育委員会，1980
図 1-14：写真提供＝坂城町教育委員会／実測図＝『金井東遺跡群保地遺跡Ⅱ』坂城町教育委員会，2002
図 2-1：日本考古学協会『日本農耕文化の生成』東京堂出版，1961
図 2-2：著者作成
図 2-3：左・山崎純男『板付周辺遺跡発掘調査報告書 5 板付遺跡』福岡市教育委員会，1979，右・桒畑光博ほか「宮崎県都城市坂元 A 遺跡における水田跡の調査」『日本考古学』13，2002
図 2-4：高畑知功ほか『百間川原尾島遺跡 2』国土交通省岡山河川事務所・岡山県教育委員会，1984
図 2-5：寺沢薫・寺沢知子「弥生時代植物質食料の基礎的研究」『考

古学論攷』5, 奈良県立橿原考古学研究所, 1981 を改編
図 3-1：写真提供＝糸島市教育委員会(橋口達也編『新町遺跡――福岡県糸島郡志摩町所在支石墓群の調査』志摩町教育委員会, 1987, 中橋孝博・永井昌文論文)
図 3-2：著者作成
図 3-3：著者作成(原図＝山崎純男「弥生式文化成立期における土器の編年的研究」『鏡山猛先生古稀記念 古文化論攷』同論集刊行会, 1980)
図 3-4：小沢佳憲「集落と集団 1 九州」『弥生時代の考古学 8』同成社, 2008
図 3-5：『吉野ヶ里』佐賀県教育委員会, 1994
図 3-6：写真提供＝福岡市埋蔵文化財センター(福岡市立歴史資料館『早良王墓とその時代』1986)
図 3-7：柳田康雄『三雲遺跡 南小路地区編』福岡県教育委員会, 1985
図 3-8：著者作成
図 3-9：写真提供＝和泉市教育委員会
図 3-10：著者作成(原図＝春成秀爾「最古の銅鐸」『考古学雑誌』70-1, 1985)
図 3-11：写真提供＝島根県教育委員会(松本岩雄・足立克己『出雲神庭荒神谷遺跡 第三冊』島根県教育委員会, 1996)
図 3-12：戸田哲也「中里遺跡の調査」『平成 12 年度小田原市遺跡調査報告会・中里遺跡講演会』小田原市教育委員会, 2000
図 3-13：安藤広道「集落の移動から見た南関東の弥生社会」『弥生時代の集落』学生社, 2001
図 3-14：写真提供＝長野県埋蔵文化財センター
図 3-15：1・2＝石川日出志『関東・東北弥生土器と北海道続縄文土器の広域編年』明治大学, 2005 ／ 3＝木村早苗「青森県の遠賀川系土器」『突帯文と遠賀川』土器持寄会論文集刊行会, 2000 ／ 4・5＝水野一夫『荒谷遺跡』八戸市南部区役所建設課, 2007
図 3-16：著者作成
図 3-17：写真提供＝青森県埋蔵文化財調査センター(青森県埋蔵文化財調査センター『垂柳遺跡発掘調査報告書 昭和 59 年度』青森県教育委員会, 1985)
図 4-1：安里進『考古学からみた琉球史 上』ひるぎ社, 1990, 一部加筆修正

図 4-2：写真提供＝伊達市噴火湾文化研究所
図 4-3：写真提供＝伊達市噴火湾文化研究所
図 4-4：所蔵・写真提供＝新潟市教育委員会(『南赤坂遺跡――縄文時代前期〜中期・古墳時代前期を主とする集落跡の調査』巻町教育委員会, 2002)
図 4-5：写真提供＝余市町教育委員会(『国史跡フゴッペ洞窟』余市町教育委員会, 2003)
図 4-6：安里進『考古学からみた琉球史 上』ひるぎ社, 1990
図 4-7：写真提供＝浦添市教育委員会
図 4-8：写真提供＝読谷村教育委員会
図 4-9：武末純一「弥生文化と朝鮮半島の初期農耕文化」『古代を考える 稲・金属・戦争』吉川弘文館, 2002
図 4-10：安在晧「青銅器時代泗川梨琴洞聚落の変遷」『嶺南考古学』51, 2009
図 4-11：李健茂「扶余合松里遺跡出土一括遺物」『考古学誌』2, 1990
図 4-12：釜山大学校博物館『勒島住居址』釜山大学校, 1989
図 4-13：李健茂「茶戸里遺跡の筆について」『考古学誌』4, 1992
図 5-1：写真提供＝佐賀県立博物館
図 5-2：国(文化庁)保管(『平原遺跡』前原市教育委員会, 2000)
図 5-3：写真提供＝木島平村教育委員会(『根塚遺跡――墳丘墓とその出土品を中心にして』木島平村教育委員会, 2002)
図 5-4：写真提供(2 枚)＝奈良県立橿原考古学研究所, (ホケノ山古墳主体部撮影＝阿南辰秀, 奈良県立橿原考古学研究所編『大和の前期古墳 ホケノ山古墳調査概報』学生社, 2001)
図 5-5：岡村秀典『三角縁神獣鏡の時代』吉川弘文館, 1999
図 5-6：著者作成(原図＝『東京国立博物館所蔵 重要考古資料学術調査報告書 重要文化財 東大寺山古墳出土 金象嵌銘花形飾環頭大刀』東京国立博物館・九州国立博物館, 2008)
図 5-7：著者作成